György Dalos

Proletarier aller Länder, entschuldigt mich

Das Ende des Ostblockwitzes

Edition Temmen

Die Deutsche Bibliothek - CIP-Einheitsaufnahme
Dalos, György
Proletarier aller Länder, entschuldigt mich : das Ende des
Ostblockwitzes / György Dalos. [Dt. Bearb. Elsbeth Zylla]. -
Bremen : Ed. Temmen, 1993
ISBN 3-86108-102-4
NE: Zylla, Elsbeth [Bearb.]

Deutsche Bearbeitung
Elsbeth Zylla

Umschlagabbildung:
György Brenner (1935-1993)

© Edition Temmen
Hohenlohestr. 21 - 28209 Bremen
Tel.: 0421-344280/341727 - Fax: 0421-348094

Druck: Interpress

ISBN 3-86108-102-4

Inhalt

Die vorliegende Witzesammlung erhebt keinerlei Anspruch auf Vollständigkeit oder auf wissenschaftlichen Charakter. Dieser bewußte Mangel läßt sich durch die Tatsache erklären, daß als einzige Quelle für die Zusammenstellung das Gedächtnis des Autors diente. Von frühester Kindheit an hörte und erzählte ich die Produkte des Volkshumors: in Kindergarten und Schule, im Krankenhaus und im Knast, auf langweiligen Parteiversammlungen und in Gottesdiensten, in der Eisenbahn, auf wissenschaftlichen Tagungen und selbst auf Beerdigungen. Witze begleiteten mein Leben in seinen glücklichen und auch in seinen weniger glücklichen Phasen. Manchmal dienten sie mir zur Unterhaltung, manchmal erleichterten sie mir das Verständnis irgendeines scheinbar komplizierten politischen Zusammenhangs. Jedenfalls schwirrten sie im Laufe einer ganzen historischen Ära in meinem Kopfe herum. Jetzt, wo diese Ära, die meine Kindheit, Jugend und den größeren Teil meines Erwachsenenlebens in sich schließt, zu Ende geht, schütte ich mein diesbezügliches Wissen aus den Kammern des Gedächtnisses. Das ist mein Abschied von einem langjährigen Dasein als Ostblockbürger. Meine Gefühle bei diesem feierlichen Akt sind gemischt: Freude und Trauer über Vergangenes ist darin, aber vielleicht auch Erleichterung über die Entlassung aus einer nicht besonders witzigen Variante der Weltgeschichte.

Ich schaue, wie die Wolga fließt

Das Ende des Ostblockwitzes

Im Februar 1950 wachte die ungarische Justitia besonders streng über Recht und Ordnung. Kaum ein halbes Jahr war vergangen, seit die Hauptangeklagten des Schauprozesses gegen »László Rajk und Konsorten« hingerichtet worden waren. Die Geheimpolizei AVH wollte Freund und Feind gegenüber gleichermaßen klarstellen, wer in der Volksrepublik das Sagen hatte. Die nichtkommunistischen Parteien wurden aufgelöst, die Zeitungen gleichgeschaltet, und eine panische Angst machte sich breit im Lande.

Der vierundzwanzigjährige Traktorist László B. und der um ein Jahr jüngere Steinmetzgehilfe János M. schienen diese Angst - im Volksmund metaphorisch »Türklingelschreikrampf« genannt - nicht richtig wahrgenommen zu haben. Die beiden waren von ihrer LPG auf eine Agitationsreise geschickt worden, um mit den Bauern der umliegenden Dörfer die bevorstehende Aussaat zu besprechen. Ausgerechnet zu diesem Anlaß begingen sie die Leichtfertigkeit, von der trockenen Sprache der Propaganda abzuweichen. So erzählte László B. folgenden Witz:

»Der Lehrer verteilt Porträts von Stalin und Rákosi an die Schulkinder und trägt ihnen auf, die Bilder mit nach Hause zu nehmen. Am nächsten Tag fragt er die Kinder: 'Wo habt ihr die Bilder denn hingehängt?' Ein Schüler hebt den Finger und antwortet: 'Mein Vater hat Stalin in die Speisekammer gehängt. Nun kann er sehen, daß wir nichts haben, was uns der Staat noch wegnehmen könnte.' Ein anderer Schüler sagt: 'Bei uns hängt Rákosi über dem Klo. Jetzt merkt er wenigstens, wie sehr alles stinkt.'«

Auch János M. wollte für gute Stimmung sorgen, indem er seinen Reichtum an Witzen mit den Anwesenden teilte. So erzählte er über den ungarischen Diktator und dessen Stellvertreter: »Mátyás Rákosi und Ernö Gerö sind mit dem Auto unterwegs. Auf der Donaubrücke steht ein Esel und versperrt ihnen den Weg. Gerö steigt aus und flüstert dem Esel etwas ins Ohr. Augenblicklich rennt das Tier los und stürzt sich in den Fluß. Rákosi: 'Was hast du zu dem Esel gesagt?' Darauf Gerös Antwort: 'Ich habe ihn aufgefordert, in die kommunistische Partei einzutreten.'«

Im Kreise der Zuhörer befand sich ein Spitzel, der die beiden Witzbolde bei der Behörde denunzierte. Nach langem Verhör wurden die jungen Männer vor Gericht gestellt. Selbstverständlich bedauerten sie einvernehmlich ihre Tat. So lesen wir im Urteil: »Zu ihrer Entschuldigung trugen sie vor, jene Äußerungen seinerzeit als Scherz gemacht und deren destruktive Auswirkung wegen mangelhafter ideologischer Bildung nicht begriffen zu haben. Inzwischen seien sie sich über diesen Umstand im klaren und seien bereit, ihre Verfehlung in Zukunft durch beispielhafte Arbeit wiedergutzumachen.«

Das Hohe Gericht der Provinzstadt Szolnok zeigte sich von dieser Bußfertigkeit wenig beeindruckt. »Die Person von Mátyás Rákosi«, so betonte das Verdikt, »verkörpert nach Meinung des Strafgerichtshofs die demokratische Staatsordnung. Der schwere Angriff auf seine Person in Form einer geschmacklosen Äußerung, eines 'Witzes', ist geeignet, die demokratische Staatsordnung in einem haßvollen Licht erscheinen zu lassen. Als besonders schwerwiegenden Umstand betrachtet das Gericht die beleidigende Darstellung des Führers der Werktätigen der Welt und des Führers der ungarischen Werktätigen; außerdem waren besagte Äußerungen geeignet, den Erfolg der Agitationsreise zu beeinträchtigen.«

Ein wahres Wunder in dieser Zeit, daß das Gericht auch »nachdrücklich mildernde Umstände« bei den Angeklagten geltend machte. Vor allem wurde die Tatsache berücksichtigt, daß die beiden Scherzkekse aus armen Bauernfamilien stammten. Das Delikt war also nicht das Ergebnis »von feindseliger, klassenfremder Wühlarbeit, sondern nur eines der unverantwortlichen Haltung von jungen Leuten, die noch in dem volksfeindlichen System aufgewachsen sind und keine gründliche ideologische Ausbildung erhalten (...)« konnten. So wurde László B. zu drei Monaten, János M. zu zwei Monaten Gefängnisstrafe verurteilt, jeweils auf Bewährung.

Ein Delikt namens »Witze erzählen« gab es natürlich in den Srafgesetzbüchern der sowjetisch dominierten Länder zu keiner Zeit. Der Paragraph, auf dessen Grundlage der Traktorist und der Steinmetzgehilfe für schuldig befunden worden waren, nannte sich »Verhetzung« und erreichte in Ungarn seine juristisch vollendete Form im »Hetzegesetz« des Jahres 1961. Darin hieß es: »Jeder, der in Anwesenheit anderer Personen eine Handlung begeht, die geeignet ist, Haß zu schüren gegen

a. die ungarische Nation,

b. die Volksrepublik Ungarn, deren Staatsordnung, eine Grundinstitution der Staatsordnung, die Verfassung der Volksrepublik Ungarn, einen Grundsatz der Verfassung,

c. internationale Beziehungen der Volksrepublik Ungarn, die auf Bündnisse, Freundschafts- und Zusammenarbeit zielen,

d. ein Volk, eine Nationalität, eine Konfession sowie gegen irgendeine Gruppe oder Person aufgrund ihrer sozialistischen Überzeugung, kann mit einem Freiheitsentzug von sechs Monaten bis zu fünf Jahren bestraft werden.«

Gummiparagraphen dieser Gattung schwebten jahrzehntelang als Damoklesschwert über den Gedanken und Worten der Staatsbürger im gesamten Warschauer-Pakt-Bereich. Sie bedrohten den unvorsichtigen Arbeiter in seiner Stammkneipe ebenso wie den mutigen Samisdat-Verleger. Selbst kritische Parteimitglieder konnten nie ganz sicher sein, ob ihre wohlmeinenden Wahrheiten nicht etwas enthielten, was die Herrschenden im Nachhinein als »zum Haß schüren geeignet« interpretieren konnten. So argumentierten die beiden Angeklagten jenes Witzeprozesses von 1950 vergeblich mit dem Euphemismus, sie hätten nur »zum Scherz« Witze erzählt. Das Wort »Witz« besaß für die Justiz keinerlei Relevanz; es wurde konsequent in Anführungszeichen gesetzt. Mit anderen Worten: Die Staatsmacht kannte keinen Scherz. Was aber ist ein Witz, wenn er völlig ernstgenommen wird?

Trotz potentieller und tatsächlicher Repressalien fluktuierten in Osteuropa unaufhörlich Tausende von Witzen. Sie ließen kein Thema des Alltags und der großen Politik außer acht - war es auch noch so heikel. Deshalb sollte das Erzählen von Witzen als eine extreme Gefahr, eine kontinuierliche Hetze gegen die bestehende Ordnung geahndet werden. Aber selbst die beachtliche Kapazität der Stalinschen Gefängnisse und Lager hätte kaum ausreichen können, um alle diejenigen, die Witze erzählten oder diese in strafbarer Weise mit Lachen quittierten, zu beherbergen.

Wahrscheinlich bewegte die Einsicht in diese Absurdität manche Gesetzgeber des Ostens dazu, den jeweiligen Hetzeparagraphen gegenüber Witzen weniger rigide anzuwenden. Neben gelegentlich harten Urteilen wurde als Motiv bei vielen Angeklagten in den sechziger Jahren der zwar »unüberlegte«, jedoch »nicht feindselig gemeinte« Wunsch zu scherzen als mildernder Umstand akzeptiert. Die ungarische Justiz operierte bei Witzen sogar mit dem Terminus der »niedrigen gesellschaftlichen Gefährlichkeit«. Gegen Mitte der siebziger Jahre gelangte diese für die damaligen osteuropäischen Verhältnisse kühne These - »Witze sind im Grunde ungefährlich« - an die zeitunglesende Öffentlichkeit.

Wahrscheinlich war es das natürliche Humorgefühl mancher Juristen, das diese bahnbrechende Auflockerung in puncto Scherzbehandlung bewirkt hatte. Jedenfalls wurde die heikle Situation der in diesen Spezialfällen urteilenden Richter relativ früh in einem Witz reflektiert:

Ein Richter verläßt laut lachend den Gerichtssaal. Ein Kollege fragt ihn:»Worüber lachst du?«»Ich habe einen phantastischen Witz gehört!« sagt der Richter unter fortdauernden Lachanfällen.»Erzähl doch mal!« bittet der Kollege.»Auf keinen Fall!« sagt der andere,»gerade habe ich jemanden wegen dieses Witzes zu fünf Jahren verknackt.«

Hier wird die Schwäche der Konstruktion des Hetzeparagraphen in bezug auf Witze bloßgestellt. Wer den Witz strafrechtlich verfolgt, der muß auch das Lachen verfolgen. Das Lachen über einen Witz bedeutet mindestens zum Teil die Anerkennung seines Wahrheitsgehaltes. Und wenn der Witz »geeignet ist, Haß zu schüren«, dann handelt es sich für den Lachenden in der Regel um einen nicht unbegründeten Haß. Für das Humorgefühl mancher Juristen sprach auch die Tatsache, daß sie untereinander besonders scharfe Produkte des Volksspotts »Witze 3/2« nannten. Das heißt: Wer sie erzählt, kann mit drei, wer sie unwidersprochen anhört, mit zwei Jahren Gefängnis rechnen.

Der moderne Ostblockwitz hat seine Wurzeln in den Volksmärchen, im großstädtisch-jüdischen Witz, im Anekdotenschatz sowie in den zahlreichen pikanten oder »schweinischen« Witzen früherer Jahrhunderte. Wie die Topoi dieser verschiedenen Kunstgattungen im konkreten politischen Zusammenhang erhalten und weiterentwickelt wurden, belegt ein ungarischer Witz aus den frühen siebziger Jahren: Jemand fragt den alten weisen Rabbiner, woran die ungarische Wirtschaftsreform des Jahres 1968 gescheitert sei.

»Ich bin kein Ökonom«, antwortet der Rabbi, »aber mir fällt dazu eine Geschichte ein. Die häßliche alte Riffke, die nichts besitzt außer einer Angel und einem alten räudigen Köter, fängt im See ein goldenes Fischlein. 'Verschone mich', fleht dieses sie an. 'Wenn du mich leben läßt, will ich dir drei Wünsche erfüllen.' Riffke wirft das Fischlein zurück ins Wasser. 'Als erstes möchte ich wieder jung sein', sagt sie. Augenblicklich verwandelt sie sich in ein junges, bildhübsches Mädchen. 'Nun möchte ich sehr reich sein', äußert sie ihren zweiten Wunsch. Sofort sitzt sie in einem prächtigen Palast. 'Und drittens', sagt sie, 'soll sich mein alter räudiger Hund in einen netten jungen Mann verwandeln.' Sofort steht ein schmucker Jüngling vor ihr. 'Jetzt gehen wir ins Bett', sagt Riffke begeistert und führt ihn ins Schlafzimmer. Aufgeregt reißt sie ihm die Kleider vom Leib, und als der junge Mann splitternackt vor ihr steht, sagt er mit einem Stoßseufzer: 'Ach, hättest du mich doch nur nicht vor zehn Jahren kastrieren lassen!'«

Dieser Witz hat im Rahmen der chassidischen Anekdote die beinahe klassische Form eines ursprünglich russischen Lehrmärchens. Die Fiktion läuft auf die bedeutungsschwere Aussage hinaus. Die Struktur der Erzählung wird durch die mystische Märchenzahl »drei« bestimmt. Riffkes drei Wünsche sind derart gestaltet, daß sie eine überraschende erotische Wende in die Handlung einbringen. Diese dient als Zündschnur zur Explosion - hier eher Ejakulation - der Pointe. Sowohl die Geschichte als auch ihr brutales Ende haben einen unwirklichen symbolischen Charakter.

Die Aussage veranschaulicht auf einer obszönen und trivialen Ebene eine Problemsicht, die anderenorts auch schon seriöser formuliert wurde. So warnte beispielsweise der Philosoph Georg Lukács am Vorabend der Wirtschaftsreform vor dem Versuch, eine ökonomische Reform ohne eine gleichzeitige politische Pluralisierung durchführen zu wollen. Ein solcher Versuch war seiner Ansicht nach nicht erfolgversprechend. Allerdings ist die Pointierung des Witzes weitaus radikaler als die des Philosophen. Der weise Rabbi der siebziger Jahre behauptet nichts Geringeres, als daß für Ungarn (und möglicherweise für ganz Osteuropa) jeglicher Reformversuch zu spät komme. Nachdem die Gesellschaft bereits vor Jahrzehnten entmündigt (»kastriert«) wurde, kann sie nicht auf einmal durch ein Wunder funktionsfähig (»potent«) werden. Wenn jemand dennoch daran glaubt, dann ist dies reines Wunschdenken - ein listiges Märchen. Diese Problematik wird jedem, der das Jahr 1989 analysiert hat, bekannt vorkommen.

Seit es politische Witze gibt, stellt sich immer wieder die Frage nach ihren Urhebern. Wer sind jene ewig Destruktiven, die sich aus Amüsement, Gemeinheit oder einfach, weil sie über Zeit und geistige Energie im Überfluß verfügen, auf Kosten des Staates lustig machen? Mal werden sie in den Budapester Cafés geortet, mal geht das Gerücht von einem geheimen Betrieb, der regelmäßig Witze produziere und sie in die große weite Welt ausstreue. Es wird vermutet, daß in Budapest über jedes einigermaßen relevante politische Ereignis innerhalb weniger Stunden ein Witz kursiert. Die Witze selbst verweisen manchmal in mythologisierter Form auf ihre Urheber. So entstand in der Sowjetunion der fünfziger Jahre das berühmte »Radio Jerevan«, verantwortlich für Hunderte von Witzen. Der fiktive Sender mit Sitz in der armenischen Hauptstadt war eine Parodie auf die in jedem Ostblockland verbreiteten Sendungen und Zeitungsrubriken des Typs »Wir beantworten die Fragen der Werktätigen«. Sie waren dazu gedacht, die offenkundigen Informationslücken in den Medien zu kaschieren und damit einer durch Desinformation bedingten Unruhe in der Bevölkerung vorzubeugen. In dem etwas offeneren Ungarn wurde der unbekannte Witzbold sogar personifiziert:

Parteichef Kádár erfährt, daß die meisten politischen Witze in Ungarn von einem Juden, einem armen Teufel namens Kohn, erfunden werden. Er lädt diesen ein, um sich von ihm persönlich Witze erzählen zu lassen. Kádár empfängt seinen Gast mit einem reichhaltig gedeckten Tisch. Dem armen Kohn gehen vor Staunen die Augen über. Kádár bemerkt die Faszination und sagt väterlich: »Sehen Sie, so werden bald alle Werktätigen in unserem Lande leben.« »Genosse Kádár«, entgegnet Kohn, »wenn ich richtig informiert bin, so bin ich derjenige, der hier Witze erzählen soll.«

Diese Geschichte schlägt zwei Fliegen mit einer Klappe. Einerseits zollt sie der modernen Version des guten Königs Gebühr. Von dem liberalen Kommunisten Kádár ging seinerzeit die Legende, er schätze es, Witze über sich selbst zu hören. Andererseits wirft Kohn dem aufgeklärten Monarchen, der nach einem ehrlichen Hofnarren giert, die Wahrheit vor die Füße. Die Person des Witzeerzählers bleibt dabei im Märchenhaften verschleiert. Stattdessen erfahren wir eine der wichtigsten Ursachen für die Entstehung von Witzen: die Kluft zwischen Alltag und Utopie, zwischen Propaganda und Wirklichkeit. Ähnlich wie sich durch die Tatsache, daß der Tisch des Parteichefs gedeckt ist, nichts an der Mangelwirtschaft im Lande ändert, kann die noch so wohlgemeinte Lüge nicht die mangelnde Wahrheit ersetzen. »Humor«, so sagte der berühmte ungarische Autor Frigyes Karinthy, »ist die ganze Wahrheit.«

Sicherlich werden Witze, ebenso wie Volksmärchen oder Volkslieder, von Einzelnen erdacht. Ihre außerordentliche stilistische Vielfalt, die verschiedenen Genres, die Zugehörigkeit zu völlig unterschiedlichen intellektuellen Ebenen weisen darauf hin, daß diese Einzelnen sehr zahlreich sind. Einige Geschichten deuten in Sprache und Erzählmotiven unverkennbar auf das proletarische Milieu hin, in dem sie entstanden sind. Andere Witze verströmen die Luft der intellektuellen Salons. Gemeinsam ist allen Kategorien von Witzen jedoch die Tatsache, daß sie, wie jede verbale Folklore, erst im Prozeß der Mitteilung entstehen.

Der Witz, darunter der politische Witz, dient der Unterhaltung. Häufig wird er mit dem Zweck erzählt, die Spannung allzu langer Gesprächspausen zu vermeiden oder die Gesinnung des jeweiligen Gesprächspartners, seine Bereitschaft zu unorthodoxem Denken, zu ködern. Es gibt gute und schlechte Witzeerzähler. Zu den letzteren gehört beispielsweise derjenige, der nach jedem Satz die Frage stellt: »Kennt ihr den schon?« Oder der berühmte Pointenkiller, der die

Geschichte fehlerhaft erzählt, sich dabei ständig korrigiert und schließlich die Pointe vergißt, wenn er sie nicht überhaupt gleich zu Anfang preisgegeben hat.

Zum Witzeerzählen gehören im allgemeinen Tisch und Stühle, im optimalen Fall Wein, Kaffee oder auch Zigaretten. Aber vor allem: Witze brauchen Zeit. Paradoxerweise sorgten die zeitlosen Jahrzehnte des realen Sozialismus dafür, daß es für Witze immer genug Zeit gab.

Anders als bei den meisten Kunstwerken, die durch Drukken, Malen oder Komponieren ihre endgültige Form erhalten, ist das Kunstwerk Witz mit dem ersten Erzählen keineswegs abgeschlossen. Bei jeder Weiterverbreitung wird es modifiziert und ergänzt, wobei lokale Eigenheiten des jeweiligen Milieus immer mit kolportiert werden. Es gibt Witze sowjetischen Ursprungs, die nach 1945 in Polen, der Tschechoslowakei oder der DDR Wurzeln faßten, um später in Vietnam oder Kuba aufzutauchen.

Die Figuren des Ostblockwitzes schöpfen aus einem uralten Fundus. Als traditionelle Zielscheibe des Volkshumors galten seit Anfang der Neuzeit die Narren, die Blinden und die Hinkebeine, sicher als Widerspiegelung der Angst vor der Absurdität der Welt. Im 19. Jahrhundert wurden ganze Gemeinschaften aufs Korn genommen, so zum Beispiel die Bewohner des ungarischen Dorfes Rátót wegen ihrer vermeintlichen Einfalt. Eine ähnliche Rolle spielten in der deutschen Witzkultur die Ostfriesen, in Frankreich die Belgier. Ganzen Nationen wurden angeblich typische Eigenschaften zugeschrieben, so den Seklern in Siebenbürgen die Schweigsamkeit, den Schotten der Geiz. Juden galten als besonders raffiniert und geschäftstüchtig, Zigeuner als schlau und einfältig zugleich. Diese häufig rassistischen Vorurteile, die sicherlich die Spuren alter nationaler Zwistigkeiten in sich tragen, wurden im modernen osteuropäischen Witz zu einer Art humoriger Völkerkunde erweitert.

Zu den Helden und Heldinnen der schweinischen Witze

zählten Pfarrer, die als Heuchler und geheime Erotomanen galten, Nonnen, die gerne mit Mönchen und Popen ins Bett gingen (allesamt Boccaccio-Gestalten), Huren sowie Frauen, die ihre »Unschuld« bereits vor der Ehe verloren hatten oder sexuell unersättlich, dabei oft häßlich und alt waren; Ähnliches wurde Männern seltener übelgenommen. Meist völlig abgeschmackt und unter der Gürtellinie waren Witze über Schwule und über impotente Männer. Schweinisches Witzgut wurde relativ früh zu propagandistischen Zwecken instrumentalisiert; so wurde der Kaiserin Maria Theresia, die zehn Kinder zur Welt brachte, in zahlreichen obszönen Witzen eine krankhafte Neigung zum Geschlechtsverkehr nachgesagt. Die historische Überlieferung witterte hinter dieser Flut von unflätigen Scherzen den Potsdamer Hof. Auf diese Weise soll der Preuße Friedrich versucht haben, seine politische und militärische Gegnerin um ihr Ansehen zu bringen.

Viele der althergebrachten Topoi lebten im Ostblockwitz weiter. Manche Züge der Ostfriesen ließen sich in den zahlreichen Polizistenwitzen neu entdecken, wobei die »Bullen« ihre legendäre bodenlose Dummheit immer mehr mit den jeweiligen Parteichefs teilen mußten. Diese wiederum wurden von den Witzeerzählern in westliche Bordelle geschickt oder nach ihrem Tod in die Hölle verbannt.

Im Mittelpunkt der bereits erwähnten »Völkerkunde« des osteuropäischen Witzes standen »die« Russen - einerseits mit ihrem vermeintlich chauvinistischen, größenwahnsinnigen Gehabe, andererseits mit ihrer angeblichen Unterwürfigkeit. »Den« Polen wurde eine angeborene Unfähigkeit und Unlust zur Arbeit zugeschrieben. »Die« Chinesen verkörperten einerseits die altbekannte »gelbe Gefahr«, andererseits dienten sie als Quelle der Schadenfreude gegenüber der Sowjetunion.

Die Hauptfiguren des Ostblockwitzes waren jedoch zweifelsohne die politischen Führer des jeweiligen Landes. Im

Witzepanoptikum der osteuropäischen Völker traten sie als Massenmörder, Räuber, Lügner, Wahn- und Schwachsinnige, Säufer, Ignoranten, bestenfalls noch als Schlaumeier auf. Eine goldene Regel der Witzbildung: Je unerreichbarer, ja gottähnlicher die Diktatoren waren, desto schonungsloser wurden sie im Volksmund verachtet und verspottet. Nie wurde ihren Handlungen ein edles Motiv zugeschrieben. Dabei reagierte der Volkshumor erstaunlich differenziert auf die stufenmäßigen Unterschiede zwischen den einzelnen Herrschern. Dies trifft besonders auf die Sowjetunion zu, deren Bevölkerung aufgrund der längeren Erfahrung mit der Unterdrückung über eine ganz spezifische Sichtweise verfügte.

Als der ehemalige Leiter des KGB und neuernannte KP-Chef Jurij Andropow Anfang 1983 der schwachen Arbeitsdisziplin der Sowjetbürger mit polizeilichen Mitteln beizukommen suchte, erzählte daraufhin das gemeine Volk eine »Kurze Geschichte des KGB in Telefongesprächen«:

Unter Stalin: »Hallo, KGB?« - »Was wollen Sie?« - »Mein Nachbar frißt roten Kaviar.« - »Wir kommen gleich.«

Unter Chruschtschow: »Hallo, KGB?« - »Was wollen Sie?« - »Mein Nachbar frißt roten Kaviar.« - »Na und?« - »Aber mit Löffel.« - »Wir kommen gleich.«

Unter Breschnew: »Hallo, KGB?« - »Was wollen Sie?« - »Mein Nachbar frißt roten Kaviar.« - »Na und?« - »Aber mit Löffel.« - »Na und?« - »Aber mit goldenem Löffel.« - »Wir kommen gleich.«

Unter Andropow: »Hallo, KGB?« - »Was wollen Sie?« - »Mein Nachbar frißt roten Kaviar.« - »Na und?« - »Aber mit Löffel.« - »Na und?« - »Aber mit goldenem Löffel.« - »Na und?« - »Aber während der Arbeitszeit.« - »Wir kommen gleich.«

Dieser Witz enthält eine ziemlich exakte Beschreibung des langsamen Degenerationsprozesses der sowjetischen Staatsmacht, in dessen Gefolge die Freiräume der Bürger stufenweise ausgedehnt wurden. Diesem Prozeß entspricht die auf Steigerung begründete Konstruktion des Witzes. Allerdings läßt dieser keinen Zweifel darüber aufkommen, daß die Abschwächung der Unterdrückung keineswegs ein Ergebnis des guten Willens der Herrschenden, sondern nur eines ihrer erschlaffenden kriminellen Energie war. Die Staatsmacht, verkörpert durch den KGB, konnte nie ganz auf Kontrolle verzichten, und es ging dabei immer um den »roten Kaviar«, der in diesem Falle für die unterdrückten Konsumbedürfnisse der Bevölkerung steht.

Natürlich sind roter Kaviar und ähnliche Delikatessen, selbst wenn ihr Verbrauch offiziell erlaubt wird, keine Massenartikel. Trotz des verkündeten Wohlstands galt in dieser Hinsicht die Maxime, die der berühmte russisch-jüdische Kabarettist Arkadij Rajkin seinerzeit in dem Satz formulierte: »Bei uns gibt es alles, nur nicht für jeden.« Daß die Redistribution der materiellen Güter in der angestrebten klassenlosen Gesellschaft etwas Klassen-, wenn nicht Kastenmäßiges an sich hatte, gehörte zu den Grunderfahrungen der kleinen Leute - ebenso wie die Tatsache, daß Ungerechtigkeit und Ungleichheit politisch motiviert waren. In einem Budapester Witz urteilte man darüber wie folgt:

»Was ist Cognac? Cognac ist ein Getränk, das die Arbeiterklasse stellvertretend durch ihren gewählten Repräsentanten konsumiert.«

Wie wir sehen, gehört dieser Witz zu jenen, die, wie die meisten Radio-Jerevan-Scherze, eine Frage-Antwort-Form haben und ohne epischen Kern einen reinen Aphorismus enthalten. Anders jedoch als bei dem armenischen Sender wird hier dem Zuhörer die Frage direkt gestellt. Darauf folgt eine kurze Pause, gleich einem stummen Fragezeichen. So bereitet der Zuhörer durch seine Neugier selbst die Antwort vor, er spannt gewissermaßen den Bogen zur Pointe.

Wichtiger ist jedoch, daß der versteckte Aphorismus über das Getränk der Arbeiterklasse ein sogenannter Definitionswitz ist. Er parodiert die seminarmarxistischen Definitionen und folgt einem geradezu axiomatischen Anspruch. Er ist auch heimtückisch und doppelbödig: Hier wird nämlich nicht nur die ungerechte Cognacverteilung entlarvt, sondern indirekt auch das offizielle Wahlsystem verhöhnt. Volkskammern, Oberste Sowjets, Nationalversammlungen und Sejms sind eben keine echte Repräsentanz in den Augen der Bevölkerung, sondern Sammelplätze der auserwählten und »gewählten« Cognacsäufer.

Die kleinen Leute fühlten sich im Bereich des Konsums am meisten betrogen. Auf der einen Seite sahen sie die Privilegierten mit ihrer Nachahmung der westlichen Lebensweise. In der DDR bezeichnete man Luxusautos als »Bonzenschleudern« und deren Besitzer als »Wolga-Deutsche«. In Ungarn waren die Funktionärs-Datschen Anlaß für die Persiflierung einer berühmten Parole des Weltkommunismus: »Proletarier aller Datschen, vereinigt euch!« Für die Orgien der Parteielite prägte der osteuropäische Volksmund die Wortschöpfung »Bolsche-vita«.

Auf der anderen, düsteren Seite herrschte in den Ländern des realen Sozialismus - je länger er andauerte, desto schlimmer - Inflation, Armut und chronischer Warenmangel. Allerdings gab es auch hier Abstufungen. In Ungarn ging es relativ gemütlich zu. »Haben Sie schon den neuen Fünfzig-Forint-Schein gesehen?« fragt einer den anderen. »Noch nicht«, antwortet dieser. »Dann schauen Sie sich den alten Hundert-Forint-Schein an«, so der gute Rat vom Ende der siebziger Jahre. Dieser Witz wird übrigens auch in der neuen demokratischen Ära noch erzählt. Nur haben sich die Zahlen geändert: Heutzutage wird der Tausend- dem Fünftausend-Forint-Schein gegenübergestellt.

Polens Kaviar hieß Fleisch. Sogar bei den politischen Explosionen in diesem Lande ging es gewissermaßen um die Wurst. Jedesmal, wenn die »gewählten Vertreter der Arbeiterklasse« die Fleischpreise erhöhen wollten, kam es zu

Massenunruhen. Die erschrockene Regierung zog die Maßnahme immer wieder zurück und rächte sich an der unbotmäßigen Bevölkerung mit leeren Regalen. Diese Situation ist in einer Reihe von Witzen verewigt worden - so dem folgenden:

In Warschau betritt ein Kunde den leeren Fleischerladen. Er fragt die beiden Verkäufer: »Haben Sie Schweinefleisch?« - »Haben wir nicht.« - »Haben Sie Rindfleisch?« - »Nein.« - »Haben Sie Kalbfleisch?« - »Nein.« - »Haben Sie Hühnerfleisch?« - »Nein.« - »Haben Sie Bockwurst?« - »Nein.« Der Kunde gibt auf und verläßt enttäuscht den Laden. Der eine Verkäufer sagt zum anderen: »Der Mann hat aber ein tolles Gedächtnis!«

Die Verhöhnung der Privilegierten erfüllt im Ostblockwitz eine Trostfunktion. In den Witzen über die schlechte Versorgungslage wird der seltsame Genuß noch mehr ausgekostet, indem man sich über das eigene Elend, das eigene Ausgeliefertsein lustig macht. Je makabrer die als Gegenstand des Witzes dienende Versorgungslage ist, desto stärker wirkt die masochistische Ironie.

Ein einsamer Höhepunkt in dieser Hinsicht war zweifellos Ceausescus Rumänien. So hörte ich in Cluj im Sommer 1980 folgenden Witz: Eine zerstreute rumänische Hausfrau steht mit einem leeren Einkaufskorb vor der Tür ihrer Wohnung und fragt sich: »Wollte ich gerade einkaufen gehen, oder bin ich schon zurück?«

Die tragikomische Dimension dieser Geschichte ergibt sich selbstverständlich nicht nur aus dem Gedächtnisschwund der verwirrten Dame, sondern vielmehr aus der Identifikation mit derselben. Wir, die Hörer des Witzes, sind zerstreut, wir stehen vor unserer eigenen Haustür, wir sind die Gedemütigten - ausgestattet mit dem einzigen Privileg, das die Mächtigen entbehren müssen: mit der Fähigkeit, über uns selbst zu lachen. Dieses »wir« ist der gemeinsame Impetus, der die Menschen von Wladiwostok bis Magdeburg, von Sofia bis Danzig vereinigte: das Ostblockgefühl. Selbst wenn die etwas hochmütigen Ungarn ihr Land als die »lustigste Baracke im Lager« bezeichneten, ein Slogan, den die Westpresse eindeutig zugunsten des Kádár-Regimes interpretierte, steckt dennoch in dieser ironischen Metapher das Erkennen gemeinsamer Unfreiheit. Oder wenn der DDR-Bürger sich als »Iwan de Luxe« definierte, enthielt diese Bezeichnung sowohl die Ähnlichkeit mit dem Großen Bruder als auch die Relativierung dieser Ähnlichkeit.

Ebenso wie neben der zentralisierten Wirtschaft in Osteuropa immer eine zweite, eine Schattenökonomie existierte, blühte neben dem offiziellen, monopolisierten Bewußtsein ein zweites, ein Schattenbewußtsein. Seine Begriffe waren klarer, sein Weltbild kotrollierbarer als das der jeweiligen Parteiideologen. In dieser Hinsicht trat der Witz als kollektives »Unbewußtes« gegenüber dem »Bewußten« der staatlich oktroyierten Weltanschauung hervor.

Gleichzeitig gehörte der Witz keineswegs in die Kategorie des Andersdenkens. Daß die Witzeerzähler gleichzeitig Dissidenten waren, gehörte eher zu den Ausnahmen. Jene zweite Öffentlichkeit, die von den Menschenrechtsgruppen verkörpert wurde, war eher elitär, während die Witzkultur kontinuierlich und eng mit der Durchschnittsmentalität und dem Alltag der Bevölkerung verbunden war. Deshalb bietet sie mehr Anhaltspunkte für eine Rekonstruktion des Weltbilds der osteuropäischen Menschen als etwa die Produktion der Samisdat-Verlage.

Die Philosophie, die dem Ostblockwitz zugrundeliegt, ist in der tiefsten Überzeugung verwurzelt, daß es im realen Sozialismus weder Gleichheit noch Freiheit gibt: Die heiligen Prinzipien der Gründerväter des Sozialismus werden mißachtet, die kleinen Leute werden unterdrückt, gedemütigt und betrogen. Das System ist mit Ausnahme seines Gewaltapparats funktionsunfähig. Gegenüber der westlichen Konkurrenz kann es sich nicht behaupten.

Der auffälligste Unterschied zwischen dem homo West und dem homo Ost besteht, im Spiegel der Witze gesehen, darin, daß der Ostmensch mindestens bis zum Ende des Jahres 1989 keine existentiellen Ängste um die Zukunft der Menschheit oder vor einem möglichen Weltuntergang zu haben schien. Keine Katastrophe, nicht einmal der Alptraum eines nuklearen Konflikts ließ ihn davor zurückschrecken, diesen als Witzmaterial zu benutzen. So empfahl der osteuropäische Witzbold der fünfziger Jahre für den Fall eines atomaren Angriffs folgende Verhaltensweise: Man hülle sich in ein Laken und schleiche ganz leise in Richtung Friedhof. »Warum ganz leise?« sollte nun die verwunderte Frage des Hörers lauten. Die Antwort: »Damit keine Panik entsteht.«

Einerseits kann dieser Witz einem friedensbewegten westlichen Gemüt äußerst frivol erscheinen, andererseits gibt er in seinem Instruktionsteil fast wörtlich den entsprechenden Ratschlag der obligatorischen Zivilverteidigungskurse wieder. Die aus allen Lautsprechern dröhnende offizielle Friedenspropaganda, allzuoft als Vehikel der Produktionssteigerung und sozialen Restriktionen benutzt, führte dazu, daß die Bürger das Wort Frieden kaum mehr hören konnten und an eine militärische Bedrohung, etwa seitens des oftmals erwähnten amerikanischen Imperialismus, nicht glaubten. Wenn sie überhaupt ein mögliches Szenario erdachten, dann verknüpften sie dieses mit ihren grundsätzlichen Vorbehalten gegenüber dem Funktionieren des eigenen Apparats:

In der sowjetischen Atomzentrale drückt jemand aus Versehen auf einen Knopf. Nach ein paar Minuten kommt ein wütender General und brüllt: »Schweinebande! Daß es keine Niederlande mehr gibt, können wir verkraften. Aber daß es keine Disziplin mehr gibt - das nenne ich eine Unverschämtheit!«

Dies ist die sowjetische Witzversion jener berühmten Theorie eines vermeintlich zufälligen Atomkriegs, die am Ende der fünfziger Jahre von Moskau selbst aus propagandisti-schen Gründen in die Welt gesetzt wurde und von der später mehrere amerikanische Katastrophenfilme profitierten. Der spezifisch sowjetische Beitrag des Witzes besteht darin, daß der General von einer Katastrophe wie von einer Panne spricht. Wer die ersten offiziellen sowjetischen Agenturmel-dungen zu Tschernobyl las, in denen diese Generalprobe des Weltuntergangs zur »Havarie« heruntergespielt wurde, kann in dem viel früher entstandenen Witz kaum noch etwas Absurdes entdecken (selbstverständlich sind westliche Ter-mini wie »Entsorgungspark« und »GAU« mit ihrem objek-tiv-technizistischen Klang in ähnlicher Weise euphemi-stisch).

Das abgestumpft-resignative Verhältnis der Ostblockgesell-schaften zu Krieg und Frieden suchte man durch politische Kampagnen zu verändern. Dabei machten die Agitatoren in Ungarn in den fünfziger Jahren, anderswo auch noch viel später, keinesfalls Halt vor Privatwohnungen. So wissen wir aus einem DDR-Witz der späten siebziger Jahre:

Bei Meiers klingelt es. Zwei Agitatoren fragen Herrn Meier, wie er zur Neutronenbombe stehe. Meier ist völlig aus dem Häus-chen und rennt in die Küche, um seine Frau zu fragen. Dann kommt er zurück, schlotternd vor Angst, und sagt: »Höchstens zwei können wir übernehmen - mehr auf keinen Fall.«

Der hier geschilderte Alptraum zeigt eine Gesellschaft, deren völlig konforme, phantasielose Bürger mehr Angst vor der Antikriegspropaganda als vor dem Krieg haben. Ein atomares Inferno können sie sich kaum vorstellen, aber ein Parteiverfah-ren oder eine polizeiliche Verwarnung durchaus. Der nukleare Tod mag schrecklich sein, aber ein Konflikt mit den Behörden ist äußerst unangenehm. Auf diese Erfahrung reimt sich diese-nige des rumänischen Normalbürgers: »Was ist schlimmer - die Neutronenbombe oder Ceausescu? Natürlich Ceausescu: Die Neutronenbombe tötet den Menschen nur, aber Ceausescu läßt ihn nicht leben.«

Der Ostblockwitz übte eine nachhaltige Wirkung auf die offizielle Kultur aus - nicht nur, weil die Kabarettisten der Ost-Berliner »Distel«, der Budapester »Mikroskop«-Bühne oder des Leningrader »Miniatur«-Theaters diesen Schatz als Freibeute betrachteten. Die Wirkung zeigte sich hauptsächlich indirekt. Überall dort, wo die Witze einigermaßen frei verbreitet werden konnten, brachten sie mehr und mehr die pathetisch-ideologisierende offizielle Sprache in Mißkredit. Gleichzeitig hatten die Witze eine langfristige metapolitische Auswirkung, indem sie der Mehrheit ihrer Hörer eine Art Feedback der eigenen Mentalität vermittelten. Wenn etwa die Tatsache, daß die Produktivität in den realsozialistischen Staaten äußerst niedrig war, durch den Witzeerzähler die mythologisierte Gestalt des arbeitsscheuen Polen annahm, dann war dies keinesfalls nur ein Scherz. Darin lag vor allem eine Rechtfertigung der gegebenen wirtschaftlichen Situation. Wenn »die« Russen, »die« Kommunisten oder die jeweiligen Parteichefs im Witz als gemeine Unterdrücker, notorische Lügner oder korrupte Schweine, jedenfalls aber als unüberwindbare höhere Mächte dargestellt wurden, dann zog diese Einstellung selbstverständlich den Verzicht auf Widerstand nach sich. In diesem Sinne war der Ostblockwitz für die meisten Völker des Warschauer Paktbereichs der Ersatz für die fehlende Rebellion oder vielmehr das grinsende Alibi für jahrzehntelange Anpassung. So war die Kunstgattung Witz nicht nur Reichtum, sondern auch Misere.

Dieser Sachverhalt ist umso wichtiger, weil die von den Witzen geleistete Gesellschaftsanalyse eindeutig beweist, daß das Weltbild sowohl der Normalbevölkerung als auch der intellektuellen Oberschicht zunehmend frei von jeder Illusion wurde. Niemand, der diese Witze hörte und lachend billigte, kann im Nachhinein behaupten, sich über die wahre Natur der jeweiligen Systeme getäuscht zu haben. Man setzte die komplette gesellschaftliche Wirklichkeit in Anführungszeichen, und man witzelte sich gleichzeitig - die Polen sind die einzige Ausnahme - über die ernsthaften Konsequenzen hinweg, die sich aus dieser Haltung eigentlich hätten ergeben müssen. Das Witzeln als Mentalität wird möglicherweise auch manchen postkommunistischen autoritären Regierungen das Herrschen erleichtern.

Ich vermute jedoch einen weiteren subtilen Einfluß des Volkshumors, der direkt auf die Wirklichkeit gerichtet war. Im Laufe der Jahrzehnte kam es in Osteuropa immer wieder zu Ereignissen, die sich ohne besondere Pointierung in eine Witzstruktur fügten.

Der erste Fall dieser Art, der mir zu Ohren kam, betraf einen Freund von mir, den Dichter P. In einer lauwarmen Sommernacht zog er betrunken durch die Budapester Straßen. An einer Straßenecke verspürte er das Bedürfnis, sich zu erleichtern. Unglücklicherweise wurde er dabei von zwei Polizisten beobachtet. Sie machten ihn darauf aufmerksam, daß es verboten sei, öffentlich zu urinieren, und verlangten seinen Ausweis. In der Rubrik »Beruf« entdeckten die Ordnungshüter die Bezeichnung »Schriftsteller«. Daraufhin sagte ein Polizist zum anderen: »Laß ihn - er ist ein Intellektueller.«

Ich schwöre, daß ich dieser Geschichte aus den siebziger Jahren nichts weggenommen und nichts hinzugefügt habe. Auch ein erfundener Witz könnte die damaligen Verhältnisse in Ungarn nicht zutreffender schildern. Tatsächlich genossen in Kádárs Land die Schreibkundigen im Vergleich zu den normalen Bürgern eine gewisse Narren- oder, wie in unserem Fall, Pinkelfreiheit. Diese war jedoch kein verbrieftes, sondern ein Gewohnheitsrecht. Und vieles hing davon ab, ob ein Dichter in Sommer- oder auch in Winternächten zufällig von einem Polizisten angehalten wurden, der sich vom Rang des freizügig-intellektuellen Pinklers beeindrukken ließ.

Den anderen Vorfall habe ich nach den großen osteuropäischen Umwälzungen selbst erlebt. Im Juli 1990 war ich auf das Schloß Ettersburg in der Nähe von Weimar zu einer Tagung eingeladen. Bei meiner Ankunft auf dem Weimarer Hauptbahnhof entdeckte ich gleich am Bahnhofsplatz einen Kiosk mit dem großen Aushängeschild »Information«. Als ich näherkam, bemerkte ich ein kleines Pappschild mit der Aufschrift: »Keine Auskunft«. Trotzdem saß hinter dem Fensterchen eine alte Dame, und ich sprach sie an: »Sagen Sie mir bitte, wie komme ich von hier aus zum Schloß Ettersburg?« Die Dame antwortete, höflich lächelnd: »Ich bin nicht von hier.«

Dieser merkwürdige Non-Fiction-Witz schildert in geradezu kafkaesker Weise die Zustände im Niemandsland DDR, irgendwo zwischen Noch und Schon. Selbst die Märchenzahl »drei« fehlt nicht - allerdings, dem genius loci gehorchend, in der Form der Hegelschen Triade. Die »Information« steht für die These, »Keine Auskunft« für die Antithese und die Entschuldigung »Ich bin nicht von hier« für die Synthese. Wahrlich, Oscar Wilde hatte recht: Das Leben ahmt die Kunst nach. Witze sind Wirklichkeiten und die Wirklichkeit wird zum Witz.

Politische Witze brauchen, wenn nicht gerade Diktaturen, so doch zumindest schlechte Regierungen. Obwohl es an solchen im ehemaligen Ostblock niemals mangelte und auch in der jungen freiheitlich-demokratischen Ära nicht mangeln wird, birgt die Demokratie doch die potentielle Gefahr in sich, den Witzen den Boden zu entziehen. Schließlich werden politische und soziale Mißstände heutzutage in den Medien entlarvt, lange Parlamentssitzungen zum Wohl des Volkes finden statt, und in jedem Land erscheinen Dutzende von satirischen Zeitschriften. Die früher zum Flüsterton verdammten Witze werden als thematische Sammlungen gedruckt und verkaufen sich gut.

Wird der Ostblockwitz den Ostblock überleben? In seiner ursprünglichen Form wohl kaum. Was ihm sicherlich fehlen wird, ist jene erbitterte Frechheit, mit der die Bürger, jedem Risiko trotzend, das ewige Staatsgeheimnis, die Nacktheit des Kaisers, ausgeplaudert haben. Systemwechsel sind meist auch Paradigmenwechsel, sie begründen ganz neue Topoi. Hoffentlich gelingt es den osteuropäischen Gesellschaften, im schmerzhaften Prozeß der Entstehung eines neuen Oben und Unten den einen oder anderen Scherz zu machen. Sie brauchen einen der veränderten Situation angemessenen Humor, bevor ihnen angesichts der enormen Schwierigkeiten bei der gesellschaftlichen Umwandlung das Lachen im Halse steckenbleibt.

Pritscha (Russisches Lehrmärchen)

Ich war zu Gast im Hause des Todes. Der Tod war traurig. »Mein Leben ist so langweilig«, klagte er, »pardon, mein Tod, meine ich. Erzähl mir doch was. Erzähl mir ein paar Witze!«

Ich begann. Zuerst erzählte ich jenen bekannten Witz aus der Kindheit. Ein Regenwurm kriecht aus dem Boden und begrüßt einen anderen: »Guten Morgen!« Der so Angesprochene entgegnet: »Sie Dummkopf! Sehen Sie denn nicht, daß ich Ihr Schwanz bin?«

Der Tod hielt sich das Loch im Bauch vor Lachen. »Nie im Leben habe ich so gelacht«, sagte er, »pardon, nie im Tod. Erzähl weiter!«

Ich erzählte. Erst pubertäre Witze, schweinische Witze über Frauen und Männer, Huren und Schwule. Dann absurde Witze, Wortwitze, jüdische Witze. Dann Witze über Irre, über zerstreute Professoren, über Pfarrer und Gespenster. Dann politische Witze, vor allem solche über Hitler, Stalin, Breschnew und Reagan.

Der Tod amüsierte sich furchtbar. Sogar eine Flüssigkeit kam aus seinen Augenhöhlen, und er lobte mich, weil ich so tödlich gute Witze erzählen konnte. »Mehr, mehr!« stöhnte er.

Vorsichtig fragte ich ihn, ob ich auch über ihn Witze erzählen dürfe. »Natürlich,« ermunterte er mich, »ich bin ohnehin seit langem gespannt, was die Leute über mich reden.« Und ich erzählte. Der Tod schlug sich mit der Hand vor Begeisterung auf die Oberschenkelknochen. »Ach, so ist das!« schwärmte er. »So sehen mich die Leute! Phantastisch!«

Langsam wurde ich müde und bat um ein paar Minuten Pause. Doch er lehnte ab. »Willst du etwa, daß ich wieder traurig werde?« fragte er. Ich erzählte weiter, spürte jedoch die Anstrengung immer mehr. So ergänzte ich die Pointen durch Gesten und Grimassen. Ich versuchte, einen besonders unauffälligen Scherz zum zweiten Mal zu erzählen. Doch der Tod hatte sich jeden einzelnen Witz genau gemerkt. »Versuch bloß nicht, mich zu betrügen!« drohte er. Dann sind mir auf einmal alle Witze ausgegangen. Ich sah den Tod flehend an. Er blieb jedoch unbeugsam. »Du lebst nur, solange du erzählst!« sagte er.

So bin ich gestorben. (1990)

Die Gründerväter

•

Nach seiner Auferstehung fährt Karl Marx sofort nach Moskau und will unbedingt im sowjetischen Fernsehen eine Rede halten. Man ist bereit, seinem Wunsch nachzugeben. Allerdings muß er die Rede schriftlich einreichen. Die Zensoren finden den Beitrag zu lang. »Das dauert eine halbe Stunde«, sagen sie, »und eine halbe Stunde darf bei uns nur der Genosse Breschnew sprechen.« Marx kürzt die Rede auf die Hälfte. »Eine Viertelstunde darf bei uns nur der Genosse Kossygin sprechen. Kürzen Sie weiter.« Als die Rede nur noch fünf Minuten lang ist, sagen die Zensoren: »Fünf Minuten dauert bei uns nur eine Mitteilung der Nachrichtenagentur TASS. Weiter kürzen.« Schließlich schrumpft die geplante Rede auf anderthalb Minuten. Marx kommt ins Studio, und die Aufnahme beginnt. »Proletarier aller Länder«, sagt der Urvater des Sozialismus und räuspert sich, »Proletarier aller Länder«, sagt er noch einmal und schaut auf die Armbanduhr, »entschuldigt mich.«

•

Lenin ruft Dzierzinski zu sich und sagt empört: »Felix Edmundowitsch, wo ist meine Unterhose? Ich kann sie nirgends finden.« »Ich weiß nicht, Wladimir Iljitsch«, antwortet der Geheimdienstchef. »Seit Tagen fahnden wir nach ihr.« - »Verdammter Lunatscharskij«, schimpft Lenin auf den Volkskommissar für Kultur. »Bestimmt hat er sie wieder ins Revolutionsmuseum verschleppt!«

•

Zwei Tschuktschen vom sowjetischen Polarkreis spazieren über den Roten Platz. Der eine zeigt auf das Mausoleum. »Siehst du«, sagt er, »da ruht unser verehrter Führer, Wladimir Kusmitsch.« - »Nicht Wladimir Kusmitsch«, korrigiert der andere, »sondern Wladimir Lukitsch.« Sie beginnen sich darüber zu streiten: »Kusmitsch!« - »Lukitsch!« - »Kusmitsch!« - »Lukitsch!« »Hör jetzt sofort auf damit!« droht der erste, »sonst zeige ich dich beim GUM an!«

•

Kohn wird an der ungarisch-österreichischen Grenze bei dem Versuch ertappt, eine goldene Leninbüste zu schmuggeln. »Aber Herr Kohn«, sagt der Zöllner, »das ist doch eine goldene Leninbüste!« - »Na und?« sagt Kohn schnippisch. »Hat er es etwa nicht verdient, in Gold gegossen zu werden?«

Die Diktatoren

●

Stalin kommt nach seinem Ableben sofort in die Hölle. Der Kessel wird schon angeheizt, und der Diktator fürchtet sich. Plötzlich sieht er, daß in einer Zelle Hitler hinter dem Schreibtisch sitzt und konzentriert an etwas arbeitet. »Das ist eine Sauerei!« beschwert Stalin sich bei dem Oberteufel. »Ich soll hier gesotten werden, und dieser Massenmörder kriegt noch eine vernünftige geistige Arbeit!« - »Beneiden Sie ihn lieber nicht!« sagt der Oberteufel. »Er ist dazu verdammt, das 'Kapital' aus dem Hebräischen ins Russische zu übersetzen.«

●

Stalin trifft im Jenseits Nikolai, den letzten Zaren. »Sag mal, mein Lieber«, möchte der Zar wissen, »gibt es in meinem Rußland noch eine Armee?« - »Eine viel größere als zu deiner Zeit«, antwortet Stalin stolz. - »Und gibt es in meinem Rußland noch Gefängnisse?« - »Viel größere als zu deiner Zeit«, prahlt Stalin. »Und saufen meine Russen noch?« - »Viel mehr als zu deiner Zeit!« - »Und wie stark ist der Wodka, den meine Russen trinken?« - »Vierzig Prozent!« Der Zar denkt darüber nach. »Vierzig? Zu meiner Zeit waren es dreißig Prozent. Sag mal«, wendet er sich an seinen Gesprächspartner, »hat es sich wegen dieser zehn Prozent wirklich gelohnt?«

●

Stalin kommt nach seinem Ableben sofort in die Hölle. Die Hölle ist überfüllt, und niemand ist bereit, eine Zelle mit ihm zu teilen. Nach längerem Suchen klopft der Oberteufel an einem abseits gelegenen Verlies an. »Hier Karl Marx«, tönt es von innen. »Sie haben 'Das Kapital' geschrieben?« fragt der Teufel. »Allerdings«, antwortet Marx. Der Oberteufel

schließt die Tür auf, schubst Stalin hinein und sagt: »Hier
haben Sie die Zinsen!«

●

Chruschtschows USA-Visite, 1958. Der sowjetische Parteichef möchte sich von dem anstrengenden Besuchspro-
gramm erholen und äußert den Wunsch, eine echte amerikanische Prostituierte kennenzulernen. Man führt ihn in einen
großen leeren Park, wo einsam auf einer Bank eine wunderschöne Dame sitzt. Chruschtschow beginnt ihr zu schmei-
cheln und streichelt sie am Bein. Dabei tastet er sich höher
und höher. Als er sich seinem Zielort nähert, sagt die Dame
plötzlich: »Nikita Sergejewitsch, ich bin der KGB-Major
Wassiljew, zu Ihren Diensten. Wenn Sie jetzt meine Eier
anfassen, verändern Sie bitte den Gesichtsausdruck nicht.«

●

Bei der Familie Chruschtschow klingelt das Telefon. Nina
Petrowna nimmt den Hörer ab. »Ich möchte mit Nikita Sergejewitsch sprechen«, sagt eine weibliche Stimme. »Wer sind Sie
eigentlich?« fragt die Frau des Parteichefs argwöhnisch. »Ich
bin eine ehemalige Schulkameradin«, antwortet die Frau. »Du
verdammte Hure!« schreit Nina Petrowna, »willst du mich an
der Nase herumführen? Ich weiß doch ganz genau, daß Nikita
Sergejewitsch nie eine Schule besucht hat!«

●

Moskau, November 1963. Mikojan berichtet Chruschtschow über das Attentat auf J. F. Kennedy. Er ist sichtlich
bewegt und fragt den Parteichef: »Sag mal, Nikita, sollten
wir diesen großen Humanisten und Bewahrer des Friedens
nicht an der Kremlmauer bestatten?« - »Du bist wohl völlig
verrückt geworden!« brüllt Chruschtschow. »Haben wir ihn
etwa umgebracht?«

•

Ein eifriger sowjetischer Fernsehreporter berichtet von einem Provinzbesuch Nikita Chruschtschows: »Nikita Sergejewitsch steigt aus dem Zug. 'Wie geht's, wie steht's?' fragt er die Kolchosbauer scherzend. 'Hervorragend!' antworten die Kolchosbauern scherzend.«

•

Chruschtschow besucht eine Kolchose. Er sieht drei bis vier Kilogramm schwere Hühner, ist sehr zufrieden und fragt, womit diese Tiere gefüttert werden. »Mit Getreide«, antwortet der Vorsitzende. Der Parteichef ist außer sich. »Mit Getreide? Jetzt, wo wir für unser gutes Gold Getreide bei den Amerikanern kaufen müssen?« Wutschnaubend verläßt er das Gelände.

Der Kolchosvorsitzende ruft im Nachbardorf an und mahnt seinen Kollegen, auf Chruschtschows Frage nach dem Hühnerfutter in keinem Fall »Getreide« zu antworten. So antwortet dieser, als der Parteichef fragt, womit hier die Hühner ernährt werden: »Mit Mais, Genosse Chruschtschow.« - »Wieso Mais?« brüllt Chruschtschow los. »Wir haben die schlechteste Maisernte der letzten fünf Jahre, und Sie verplempern das teure Zeug!« Wieder verläßt er empört den Ort des Frevels.

Der solcherart gescholtene Kolchosvorsitzende rät nun telefonisch dem nächsten Kollegen, auf Chruschtschows Frage weder »Getreide« noch »Mais« zu antworten. Als Nikita Sergejewitsch die riesengroßen Hühner sieht, fragt er: »Womit füttert ihr diese Tiere, daß sie so ausgezeichnet gewachsen sind?« - »Mit nichts, Nikita Sergejewitsch«, antwortet der schlaue Kolchosvorsitzende. »Jedes bekommt am Morgen fünf Kopeken und verpflegt sich selbst.«

•

Was hat Chruschtschow zu Lebzeiten nicht mehr geschafft?
1. Das Verkehrsministerium in Hin und Zurück aufzuteilen
2. In der Architektur der sowjetischen Neubauten den Fuß-
boden mit dem Plafond zu vereinigen.
3. Den Zaren Nikolai II. posthum zum Helden der Sowjetunion zu ernennen wegen seiner Verdienste um die Schaf-
fung einer revolutionären Situation.

●

Leonid Breschnew verirrt sich in einem sibirischen Wald.
Der KGB leitet eine großangelegte Suchaktion ein, um den
Generalsekretär wiederzufinden. Die Fahnder stoßen zuerst
auf einen Hasen. »Sag mal, Hase«, sagen sie, »hast du nicht
zufällig den Genossen Breschnew gesehen?« - »Nein«, antwortet der Hase, »aber fragt doch mal den Bären. Der weiß
immer, was los ist.« Die KGB-Leute fragen den Bären: »Sag
mal, Bär, hast du nicht zufällig den Genossen Breschnew
gesehen?« - »Nein«, antwortet der Bär. »Aber fragt mal den
Fuchs, der ist immer bestens informiert.« Die Sucher fragen
den Fuchs: »Sag mal, Fuchs, hast du nicht zufällig den
Genossen Breschnew gesehen?« - »Nein, ich habe ihn nicht
gesehen«, sagt der Fuchs, »aber mir ist etwas aufgefallen.
Der Wolf hat sich vor ein paar Tagen völlig überfressen. Nun
ist ihm ganz übel, und er scheißt bereits den dritten Tag
Auszeichnungen!«

●

Breschnew eröffnet 1980 die Olympischen Spiele in Moskau. Er liest vom Blatt: »Oh, Oh, Oh, Oh, Oh....« Sein
Sekretär sagt aufgeregt: »Aber Genosse Breschnew, das sind
doch die olympischen Ringe!«

●

Breschnew besucht das Kloster Sagorsk in der Nähe von
Moskau. Bei seinem Eintritt grüßt ihn ein Geistlicher nach

Art der russisch-orthodoxen Christen: »Christos wosskres (Christus ist auferstanden), Leonid Iljitsch!« Breschnew nickt. Er geht weiter, und ein anderer Pope grüßt ihn ebenfalls: »Christos wosskres!« Als der dritte Pope mit der Grußformel an ihn herantritt, ist der Parteichef völlig irritiert. »Lassen Sie mich in Ruhe!« sagt er gereizt. »Ich bin schon informiert! Mir wurde schon mehrmals darüber berichtet!«

●

Breschnew will bei einem wichtigen diplomatischen Treffen eine Rede halten. Wie immer liest er vom Blatt. »Sehr geehrte Frau Thatcher!« beginnt er. »Genosse Breschnew«, flüstert der Sekretär, »das ist doch Frau Indira Gandhi!« Breschnew beginnt erneut: »Sehr geehrte Frau Thatcher!« - »Aber Genosse Breschnew!« wiederholt der Sekretär, »unser Gast heißt doch Indira Gandhi!« - »Sehr geehrte Frau Thatcher!« beginnt Breschnew unbeirrt zum dritten Mal, und als der Sekretär ihn wieder warnen will, sagt er nervös: »Ich weiß, daß das Indira Gandhi ist. Aber auf dem Papier steht doch groß und deutlich 'Sehr geehrte Frau Thatcher!'«

●

Leonid Breschnew geht in einer stillen Sommernacht in Moskau spazieren. Kaum hat er den Kreml verlassen, als ihm ein Skelett entgegenkommt. Der Parteichef erschrickt, aber das Skelett sagt zu ihm: »Haben Sie keine Angst, Leonid Iljitsch, ich bin der Geist von Iwan dem Schrecklichen und freue mich, meinen großen Nachfolger kennenzulernen.« Breschnew fühlt sich geschmeichelt und geht weiter. Auf der Gorkij-Straße begegnet ihm wieder ein Skelett. Dieses stellt sich als der Geist von Peter dem Großen vor. Breschnew ist sehr bewegt, und als er gegen Morgen wieder vor dem Eingang des Kreml steht, erblickt er ein drittes Skelett. Er begrüßt es sehr freundlich und fragt: »Und wer bist du? Bist du auch der Geist einer unserer historischen Persönlichkeiten?« - »Nein, Leonid Iljitsch«, antwortet das Skelett. »Ich bin ein einfacher sowjetischer Arbeiter und komme von der Nachtschicht.«

●

Stalin fährt in Begleitung des ganzen Politbüros mit der Transsibirischen Eisenbahn. Als er merkt, daß der Zug sehr langsam fährt und sich kaum noch bewegt, gibt er den Ukas, den Maschinisten und alle Verantwortlichen zu erschießen. Der Befehl wird sofort ausgeführt, aber die Geschwindigkeit ändert sich nicht.

Chruschtschow und sein Politbüro fahren ebenfalls mit der Transsib. Als der Staatschef merkt, daß die Geschwindigkeit sehr gering ist, gibt er den Befehl, den Maschinisten und das ganze Personal mit den höchsten Staatsorden auszuzeichnen und ihre Löhne auf das Doppelte zu erhöhen. Sein Befehl wird erfüllt, aber der Zug fährt überhaupt nicht mehr.

Breschnew und seine engsten Mitarbeiter sitzen in der Transsibirischen Eisenbahn. Der Zug rührt sich nicht vom Fleck, und alle sind ratlos. Plötzlich sagt Breschnew: »Genossen! Laßt uns das Abteil verdunkeln! Stellen wir uns vor, wir fahren mit Höchstgeschwindigkeit!«

●

Warum wurde der Tod Breschnews mit zweitägiger Verspätung bekanntgegeben?
Weil niemand den Mut hatte, es ihm mitzuteilen.

●

Warum zwang die sowjetische Führung den todkranken Tschernenko, an den Wahlen im März 1985 teilzunehmen?
Damit er sich an die Urne gewöhnt.

●

1985, sowjetische Demonstration der Stärke:
Generalsekretär Tschernenko geht die Treppe hinauf.

•

Der Diktator Rákosi möchte sich incognito vergewissern, wie sehr ihn das ungarische Volk liebt. Auffallen möchte er dabei auf keinen Fall, und so entscheidet er sich für einen Kinobesuch. Als im dunklen Kinosaal in der Wochenschau sein Ebenbild auf der Leinwand erscheint, erhebt sich das Publikum wie ein Mann und applaudiert stürmisch. Rákosi ist überglücklich über des Volkes Liebe, möchte sich aus Bescheidenheit aber nicht selbst beklatschen und bleibt deshalb sitzen. Sofort sagt sein Nachbar: »Stehen Sie doch auf, lieber Herr! Wollen Sie etwa wegen dieses Schurken in den Knast kommen?«

•

Drei Rumänen kommen bei einem Autounfall ums Leben. An der Himmelspforte fragt Petrus sie nach ihrem Beruf. Der eine antwortet: »Ich bin Ingenieur.« - »Ingenieure brauchen wir hier nicht«, sagt Petrus, »fahr zur Hölle.« Der zweite sagt: »Ich bin Lehrer.« - »Lehrer brauchen wir hier auch nicht«, sagt Petrus, »fahr zur Hölle.« Der dritte sagt: »Ich bin Psychiater.« - »Dich brauchen wir hier sehr dringend«, sagt Petrus aufgeregt. »Stell dir vor: Der liebe Gott ist geisteskrank und bildet sich ein, Ceausescu zu sein!«

•

Warum nimmt Walter Ulbricht auf jede seiner Auslandsreisen seine Frau Lotte mit?
Damit er sie beim Abschied und beim Wiedersehen nicht küssen muß.

•

Erich Honecker kommt zur Visitation in einen Ostberliner

Kindergarten. Das Programm ist exakt durchgeplant. Trotzdem schleicht sich eine Minute ein, die vom Protokoll nicht geregelt wurde. Der hohe Gast bleibt plötzlich und unvermutet mit den kleinen Zöglingen allein. Er betrachtet sie etwas ratlos, überwindet dann seine Verlegenheit und spricht das folgende: »Ihr seid also die Kinder!«

(authentisch)

•

Wie konnte Antonin Novotny Präsident der CSSR werden? Aufgrund der Verfassung. Darin heißt es ganz klar: »Präsident der CSSR kann jeder werden.«

•

Zwei Polen unterhalten sich über Politik. »Der Gomulka hat doch versprochen, daß sich alles verändern wird. Und es hat sich nichts verändert.« - »Doch«, sagt der zweite. »Was denn?« fragt der erste. »Na, der Gomulka«, lautet die Antwort.

Die Führungselite und ihre Partei

•

Was ist Cognac?
Cognac ist ein Getränk, das die Arbeiterklasse stellvertretend durch ihre gewählten Repräsentanten konsumiert.

•

Wer ist der absolut beste Kader?
Der absolut beste Kader ist ein Bauernkind aus einer Arbeiterfamilie.

•

Georgischer Trinkspruch aus den siebziger Jahren:
Und jetzt trinken wir auf die Gesundheit des Genossen Ostaschwili. Nicht etwa, weil er vier Autos hat. Schließlich gehen wir auch nicht zu Fuß. Nicht etwa, weil er drei Wohnungen in Tiflis und vier Datschen auf der Krim hat. Schließlich wohnen wir auch nicht unter der Brücke. Nicht etwa, weil er in westlichen Banken mehrere Dollarkonten besitzt. Schließlich leben wir auch nicht vom Rubel allein. Sondern wir trinken auf die Gesundheit des Genossen Ostaschwili, weil wir ihn als einen prinzipientreuen, militanten und puritanischen Bolschewiken kennen.

•

Die Transsibirische Eisenbahn stoppt mitten in der Nacht und fährt nicht weiter. Ein Reisender fragt den Schaffner: »Warum sind wir stehengeblieben?« - »Die Lokomotive wird gerade ausgetauscht.« »Ausgetauscht? Wogegen?« Darauf der Schaffner: »Gegen Wodka.«

•

In den kommunistischen Parteien erneuerte man von Zeit zu Zeit die Mitgliedsbücher. Diese Revision wurde von den Parteien dazu benutzt, unzuverlässige Elemente loszuwerden.

Man fragte in Ungarn: Warum sind die Parteiausschlüsse so gefährlich?

Sie drohen die Reihen der Parteilosen zu verwässern.

•

1962, als der ehemalige Dikator Rákosi wegen seiner stalinistischen Verbrechen aus der Partei ausgeschlossen wird, tritt Kohn gleichzeitig in die Partei ein. Seine Freunde wundern sich und fragen ihn nach dem Grund. Kohn erläutert: »Es ist nicht gut, wenn jemand außerhalb derselben Partei ist wie der Rákosi.«

•

Anfang der fünfziger Jahre. Kohns Ehefrau beschwert sich bei der Partei, ihr Gatte vernachlässige seine ehelichen Pflichten. Der Parteisekretär erteilt dem Genossen Kohn eine diesbezügliche Rüge. »Aber Genosse Parteisekretär«, versucht sich Kohn zu verteidigen, »ich bin doch in erster Linie impotent!« - »Nein, Genosse Kohn«, entgegnet der Parteisekretär, »du bist in erster Linie Kommunist und erst danach impotent.«

•

Der Oberganove fragt ein Mitglied seiner Bande: »Hey, Joe, sag mir mal, wieviel ist zwei mal zwei?« - »Fünf«, antwortet Joe, bei dem das Rechnen keine starke Seite ist. Daraufhin erschießt der Oberganove ihn kurzerhand. »Warum, Chef?« fragen die anderen Gangster bestürzt. »Warum hast du ihn abgeknallt?« - »Er wußte zu viel.«

•

Nahostkrieg 1967. Die Staaten des Warschauer Vertrags brechen die diplomatischen Beziehungen zu Israel ab. Auf einer Parteiversammlung in Budapest protestiert der Genosse Kohn gegen diesen Schritt. Der Parteisekretär erinnert ihn an die Parteidisziplin und wirft ihm vor: »Sie sind doch seit dreißig Jahren Kommunist, Genosse Kohn!« - »Das stimmt, Genosse Parteisekretär«, sagt Kohn. »Aber ich bin schon seit sechzig Jahren Jude!«

•

Wie kann es in Ungarn zu einem Watergate-Skandal kommen?
Wenn jemand bereits vor Öffnung der Wahlurnen weiß, daß das Ergebnis der kommunistischen Partei bei 98,8 Prozent liegen wird.

•

Im Jahre 1952 wird Kohn wegen Rechtsabweichung aus der Kommunistischen Partei ausgeschlossen. Als überzeugter Kommunist gerät er in eine tiefe Depression und hat eines Nachts folgenden Traum: Die Amerikaner marschieren in Ungarn ein. Auf dem Heldenplatz vor der Stalin-Statue beruft Präsident Eisenhower eine Massenkundgebung ein. Nach seiner Rede sagt er in aller Öffentlichkeit: »Und jetzt führt mir den Rákosi vor!« Es erscheint in Ketten der gedemütigte ungarische Parteichef. Eisenhower schaut ihn verächtlich an und sagt: »Und jetzt nehmen Sie sofort den Kohn wieder in die Partei auf!«

Die Staatstheorie

•

Was ist der Sozialismus?
Der längste Weg vom Kapitalismus zum Kapitalismus.

•

Unter welcher Parole kämpften die Sklaven im antiken Rom?
»Es lebe der Feudalismus, die lichte Zukunft der Menschheit!«

•

Wann hat Lenin seine berühmten Worte »Lernen, lernen und
nochmals lernen« gesagt?
Als er das Zeugnis des kleinen Breschnew sah.

•

Was ist Kapitalismus?
Die Ausbeutung des Menschen durch den Menschen.
Und was ist Kommunismus?
Das Gegenteil.

•

Die vier Hauptschwierigkeiten beim Aufbau des Sozialismus: Frühling, Sommer, Herbst und Winter.

•

Mit welchem System ist der Sozialismus am wenigsten
vereinbar?
Mit dem Nervensystem.

•

Was ist Kommunismus?
Wenn jeder von allem genug hat.

•

Ist der Marxismus eine exakte Wissenschaft?
Nein. Sonst hätte man das System zuerst im Tierversuch erprobt.

•

Was ist Emigration?
Der friedliche Übergang vom Sozialismus zum Kapitalismus.

•

Im Sommer 1961 versprach das neue Programm der KPdSU, die vorhandene Generation der Sowjetbürger werde bereits im Kommunismus leben.
Frage an Radio Jerevan: Welches ist der kürzeste Witz?
Der Kommunismus.
Und der längste Witz?
Das Programm der KPdSU.

•

Chruschtschow möchte einen Kindergarten besuchen. Die Kindergärtnerinnen wollen, daß alles ordnungsgemäß verläuft und bringen deshalb den Kleinen bei, auf jede Frage im Chor zu antworten: »In der großen Sowjetunion!«
Als Chruschtschow kommt, fragt die Leiterin die Kinder: »Wo sind die Kinder am glücklichsten?« - »In der großen Sowjetunion!« sprechen die Kinder im Chor. »Und wo sind die besten Kindergärtnerinnen der Welt?« - »In der großen Sowjetunion!« - »Und wo gibt es das beste Essen in den Kindergärten?« - »In der großen Sowjetunion!« erklingt es wieder einstimmig, und Chruschtschow ist begeistert. Plötzlich bricht ein kleines Mädchen in Tränen aus und sagt: »Ich möchte so gerne in die große Sowjetunion!«

●

Zu Beginn der fünfziger Jahre wird ein Mann bei einer Prüfung in der Parteischule gefragt: »Wieviel ist zweimal zwei?« - »Vier«, antwortet er im Brustton der Überzeugung. Er wird verhaftet und für mehrere Jahre eingesperrt. »Damit Sie wissen, daß zweimal zwei fünf ist«, belehrt ihn der Untersuchungsrichter.

Nach 1956 wird er wieder bei einer Parteischulung gefragt: »Wieviel ist zweimal zwei?« Der Mann will seine Überzeugungen nicht verleugnen und sagt wieder: »Vier.« Der Parteisekretär redet heftig auf ihn ein: »Sie müßten doch wirklich wissen, daß zweimal zwei drei ist. Das müssen Sie einfach einsehen. Oder wollen Sie etwa den schrecklichen Zeiten nachweinen, als zweimal zwei noch fünf war?«

●

Als am Ende der siebziger Jahre vom spanischen KP-Chef Carillo die Doktrin des Eurokommunismus formuliert wurde, verbreitete man in Budapest folgenden Satz: »Ein Gespenst geht um im Kommunismus - das Gespenst Europa.«

Das sozialistische Wirtschaftswunder

•

Was ist ein Revolutionssandwich?
Eine Fleischkarte zwischen zwei Brotkarten.

•

Anfang der fünfziger Jahre, Parteiversammlung in Ungarn.
Kohn meldet sich zu Wort: »Genossen! Ich frage nicht, wo
die Gänseleber und die Salami geblieben sind. Ich frage nur:
Wo ist das Brot, wo ist die Milch?« Ein paar Monate später
ist wieder eine Parteiversammlung. Grün meldet sich zu
Wort: »Genossen! Ich frage nicht , wo das Brot und die
Milch geblieben sind. Ich frage nur: Wo ist der Genosse
Kohn?«

•

Die zerstreute rumänische Hausfrau steht mit einer leeren
Einkaufstasche vor der Tür ihrer Wohnung und fragt sich:
»Wollte ich gerade einkaufen gehen oder bin ich schon
zurück?«

•

Gomulka hält eine Rede in Warschau: »Genossen! Wir marschieren mit beschleunigtem Tempo in Richtung Sozialismus!« Das Publikum skandiert erregt: »Wir wollen essen!
Wir wollen essen!« Gomulka prompt: »Genossen, während
des Marschierens ißt man nicht!«

•

Frage an Radio Jerevan: Was gab es früher - das Ei oder die
Henne?
 Antwort: Früher gab es beides.

•

Der Staatsratsvorsitzende Walter Ulbricht hält eine Rede. »Genossen! In fünf Jahren wird unsere Schwerindustrie die der BRD eingeholt haben!« Zwischenruf: »Genosse Ulbricht, es gibt kein Klopapier!« Der SED-Chef fährt fort: »Genossen! In fünf Jahren wird unsere Landwirtschaft die der BRD eingeholt haben!« Zwischenruf: »Genosse Ulbricht! Es gibt kein Klopapier!« Ulbricht redet weiter: »Genossen! In fünf Jahren wird unser Wohnungsbau den in der BRD überflügeln!« Zwischenruf: »Genosse Ulbricht! Es gibt kein Klopapier!«

Ulbricht sagt verärgert: »Und die Provokateure, die mich bei meiner Rede mit Zwischenrufen stören - ihnen sage ich nur eins: Leckt mich am Arsch!« Zwischenruf: »Geht in Ordnung, Genosse Ulbricht! Aber was wird aus unseren Ärschen?«

•

Mitte der sechziger Jahre. Das Politbüro der ungarischen KP bereitet die nächste Preiserhöhung vor. Die Frage ist: Wieviel soll ein Kilo Fleisch, bisher 30 Forint, von heute an kosten? Einige Ökonomen meinen, 49 Forint sei der optimale Kilopreis, andere sind der Ansicht, 60 Forint seien angemessen. Schließlich bittet man János Kádár um sein Votum. »Von mir aus«, sagt der Generalsekretär, »kann das Kilo Fleisch 49 oder 60 Forint kosten. Das ist mir völlig egal. Nur 56 - das kommt nicht in Frage.«

•

In Warschau betritt ein Kunde den leeren Fleischerladen. Er fragt die beiden Verkäufer: »Haben Sie Schweinefleisch?« - »Haben wir nicht.« - »Haben Sie Rindfleisch?« - »Nein.« - »Haben Sie Kalbfleisch?« - »Nein.« - »Haben Sie Hühnerfleisch?« - »Nein.« - »Haben Sie Bockwurst?« - »Nein.« -

»Haben Sie Hartwurst?« - »Nein.« Der Kunde gibt auf und verläßt enttäuscht den Laden. Der eine Verkäufer sagt zum anderen: »Der Mann hat aber ein tolles Gedächtnis!«

•

Einem polnischen, einem amerikanischen und einem sowjetischen Computer stellt man dieselbe Frage: Warum gibt es kein Fleisch? Der polnische Computer fragt zurück: Was heißt »Fleisch«?
Der amerikanische: Was heißt »gibt es kein«?
Der sowjetische: Was heißt »warum«?

•

Fleischerladen in Polen. Der Kunde fragt: »Haben Sie irgendeine Sorte Fleisch?« Der Verkäufer antwortet: »Nur das, was Sie im Laden sehen.« Der Kunde schaut sich um, doch alle Regale sind leer. Plötzlich erblickt er an der Wand das Staatswappen und sagt: »Dann geben Sie mir doch bitte ein Kilo Adler.«

•

Jemand betritt einen völlig leeren Eisenwarenladen in Bukarest und fragt erstaunt: »Gibt es hier keine Nägel?« - »Sie sind völlig falsch«, sagt der Verkäufer mürrisch. »Hier gibt es keine Sägen. Keine Nägel gibt es nebenan!«

•

Kohn und Grün kommen nach ihrem Tod wegen unsittlicher Lebensweise in die Hölle. Dabei stellt sich heraus, daß es zwei Höllen gibt: eine kapitalistische und eine sozialistische. Kohn als echter Geschäftsmann entscheidet sich für die erste, Grün als idealistischer Kommunist für die zweite. Die beiden Höllen sind durch eine gläserne Wand getrennt. Der Oberteufel bereitet den Kessel für Kohn vor, der panische Angst hat. Plötzlich hört er, daß Grün an die Glaswand klopft. Als Kohn dicht an die Wand geht, hört er seinen Freund schreien: »Komm schnell rüber! Die sozialistische Hölle ist ein echter Kuraufenthalt. Mal fehlt der Brennstoff, mal das Öl, mal sind die Kessel schlecht geflickt!«

•

Anfang der sechziger Jahre. Der tschechoslowakische Parteichef Novotny befragt seinen Versorgungsminister über die Lebensmittelvorräte des Landes. »Die Milch«, berichtet dieser, reicht noch für ein halbes Jahr, der Zucker für vier Monate, das Mehl für drei Monate und der Speck für zwei Monate.«
Novotny schöpft Argwohn: »Sagen Sie, Genosse Minister, soll das etwa auch für die Slowaken reichen?« - »Wieso denn?« entgegnet der Minister. »Nur für Sie und für mich!«

•

General Jaruzelski glaubt den geschönten Berichten seiner Mitarbeiter nicht mehr. Er geht verkleidet auf den Warschauer Straßen spazieren, um zu sehen, wie es den Leuten tatsächlich geht. Plötzlich sieht er an der Marszalkowska eine riesige Menschenschlange vor einem Lebensmittelgeschäft. Er ist empört über seine Mitarbeiter, die nichts Derartiges berichtet haben. Sofort geht er zurück zum Sitz des Zentralkomitees, um dem Notstand möglichst schnell Abhilfe zu schaffen.
Nach einer halben Stunde stoppt ein Lastwagen vor dem Lebensmittelgeschäft an der Marszalkowska, und zweihundert Stühle werden ausgeladen.

•

Jemand fragt den alten weisen Rabbiner, woran die ungarische Wirtschaftsreform des Jahres 1968 gescheitert sei. »Ich bin kein Ökonom«, antwortet der Rabbi, »aber mir fällt dazu eine Geschichte ein. Die häßliche alte Riffke, die nichts besitzt außer einer Angel und einem alten räudigen Köter, fängt im See ein goldenes Fischlein. Verschone mich, fleht dieses sie an. Wenn du mir mein Leben schenkst, will ich dir drei Wünsche erfüllen. Riffke wirft das Fischlein zurück ins Wasser. Als erstes möchte ich wieder jung sein, sagt sie. Augenblicklich verwandelt sie sich in ein junges, bildhübsches Mädchen. Nun möchte ich sehr reich sein, äußert sie ihren zweiten Wunsch. Sofort sitzt sie in einem prächtigen Palast. Und drittens, sagt sie, soll sich mein alter räudiger Hund in einen netten jungen Mann verwandeln. Sofort steht ein schmucker Jüngling vor ihr. Jetzt gehen wir ins Bett, sagt Riffke begeistert und führt ihn ins Schlafzimmer. Aufgeregt reißt sie ihm die Kleider vom Leib, und als der junge Mann splitternackt vor ihr steht, sagt er mit einem Stoßseufzer: Ach, hättest du mich doch nur nicht vor zehn Jahren kastrieren lassen!«

•

Eine Delegation französischer Arbeiter in Budapest. Sie möchten sich ansehen, wie in Ungarn die sozialistische Industrie funktioniert. Man führt ihnen einige Großbetriebe vor. Als sie später von Journalisten nach ihren Eindrücken gefragt werden, antwortet der Delegationsleiter: »Wir sind einfach begeistert. Arbeitsniederlegungen und Streiks gibt es bei uns auch. Aber nirgendwo laufen sie so ruhig und diszipliniert ab wie hier!«

•

Was geschieht, wenn man den Sozialismus in der Wüste Sahara einführt?
Drei Jahre lang geschieht nichts, dann aber kommt es zu einem Engpaß bei den Sandlieferungen.

•

1963. Die Sowjetunion, einer der größten Weizenproduzenten der Welt, ist gezwungen, mittels ihrer Goldreserve Weizen in den USA einzukaufen.

Frage: Wohin ist der sowjetische Weizen verschwunden?

Antwort: Peter der Große öffnete das Fenster nach Europa. Nikita Sergejewitsch öffnete das Fenster nach Afrika, und der Durchzug hat den Weizen weggefegt.

●

Frage an Radio Jerevan: Kann der Kommunismus auch in den USA siegen?

Antwort: Er kann. Aber wo kriegen wir dann unseren Weizen her?

●

Als der ungarische Diktator Rákosi den Fünfjahrplan verkündet, fragt ihn seine Ehefrau besorgt: »Sag mal, Mátyás, hast du keine Angst, daß wir am Ende dieses Fünfjahrplans vom Volk gehenkt werden?« - »Sei nur ganz ruhig, meine Liebe«, sagt Rákosi. »Am Ende des Fünfjahrplans wird es nicht nur keinen Strick, sondern nicht einmal mehr Zwirn geben.«

●

Anfang der fünfziger Jahre. Eine Delegation der ungarischen Geheimpolizei AVH besucht Gefängnisse in den USA. Besonders gut gefällt ihnen der elektrische Stuhl, und sie kaufen gleich die Lizenz. Wenige Monate später kommen amerikanische Experten nach Budapest, um das Funktionieren ihrer Tötungsmaschine zu begutachten. Gleich nachdem sie das Zentralgefängnis betreten haben, hören sie einen markerschütternden Schrei. Sie fragen ihren Begleiter nach der Ursache. »Eine Hinrichtung natürlich«, antwortet dieser verlegen, »wir machen es aber mit Kerzen. Dieser verdammte ewige Stromausfall!«

•

Polen, Mitte der achtziger Jahre. General Jaruzelski sieht im Traum den lieben Gott. Dieser sagt zu ihm: »Man muß den Polen den Glauben an eine bessere Zukunft wiedergeben. Sie brauchen aber dazu ein zweites Wunder an der Weichsel. Begib dich morgen ans Flußufer und gehe einfach über das Wasser. Ich sorge dafür, daß es dir gelingt.«

Der General verkündet in Fernsehen und Rundfunk, daß er am nächsten Tag ein Wunder vollbringen wird. Ganz Warschau steht am Ufer der Weichsel. Als Jaruzelski tatsächlich auf dem Wasser zu gehen beginnt, sagt ein Pole zum anderen: »Siehst du, nicht einmal ein Boot kann er beschaffen!«

•

Ungarische Arbeitersprüche aus den sechziger Jahren:

Solange man nur so tut, als ob man uns bezahlt, tun wir auch nur so, als ob wir arbeiten.

Genosse Lenin hat gesagt: Wenn etwas nicht geht, soll man sich auch nicht anstrengen.

•

Nach Stalins Tod verbesserten sich die Verhältnisse in den ungarischen Vollzugsanstalten ein wenig, und der Umgang mit den Insassen wurde menschlicher. So versammelte ein Gefängnisdirektor alle Gefangenen auf dem Hof und erklärte, die Ursache für die Knappheit der Verpflegung liege ausschließlich in der schwierigen ökonomischen Situation des Landes. Daraufhin sagte der Sozialdemokrat S. laut: »Wer sich keine Gefangenen leisten kann, soll sich auch keine halten!«

(authentisch)

Kleine Völkerkunde

•

Was ist ein Ungar? - Einfach ein Ungar.
Was sind zwei Ungarn? - Drei politische Strömungen.
Was sind drei Ungarn? - So etwas gibt es nicht, denn der eine
ist Jude, der zweite ist Donauschwabe und der dritte Zigeuner.

•

Was ist ein Russe? - Ein Besoffener.
Was sind zwei Russen? - Eine Schlägerei.
Was sind drei Russen? - Eine Warteschlange.

•

Was ist ein Deutscher? - Ein feiner Herr.
Was sind zwei Deutsche? - Ein halber Vorstand vom Män-
nergesangverein.
Was sind drei Deutsche? - Ein Weltkrieg.

•

Was ist ein Franzose? - Ein verliebter Mensch.
Was sind zwei Franzosen? - Ein Liebespaar.
Was sind drei Franzosen? - Eine normale französische Ehe.

•

Was ist der DDR-Bürger? - Iwan de Luxe.

•

Was macht der Pole, wenn er Lust zum Arbeiten hat?
Er wartet, bis die Lust wieder vergeht.

•

Der liebe Gott erläßt ein Dekret an alle Regierungschefs der
Welt: Er habe genug von seiner Schöpfung und werde nach

Ablauf von sechs Monaten die Erde mitsamt ihren Bewohnern vernichten.

Reagan ruft den Kongreß zusammen, verkündet die böse Nachricht und sagt: »Lasset uns beten und den Armen Gutes tun.«

Gorbatschow erklärt im Obersten Sowjet: »Genossen, ich habe zwei schlechte Nachrichten. Erstens: In sechs Monaten geht die Welt unter. Zweitens: Es gibt einen Gott.«

Kádár beruft eine Sitzung des Zentralkomitees ein und sagt: »Genossen, ich habe eine gute Nachricht. Wir haben bis zum Weltuntergang noch ganze sechs Monate Zeit.«

●

Ein Amerikaner, ein Franzose und ein Russe wetten, wer von ihnen der Stärkste ist. Sie stellen sich drei Aufgaben: eine Flasche Schnaps auf ex zu trinken, einem Bären die Hand zu schütteln und mit einer Eskimofrau zu schlafen.

Der Amerikaner trinkt den Schnaps und bricht zusammen.

Der Franzose trinkt den Schnaps, geht in das Nachbarzimmer, um dem Bären die Hand zu schütteln und kommt halbtot wieder zurück.

Der Russe trinkt den Schnaps, geht ins Nachbarzimmer, und man hört lautes Schreien, Kreischen und verzweifeltes Schluchzen. Dann kommt er zurück und fragt: »Und wo ist die Eskimofrau, der ich die Hand schütteln soll?«

●

Wie gefährlich leben die verschiedenen Nationen?

Die Amerikaner mieten pro Person ein Auto und rasen mit 180 Stundenkilometern über die Landstraße, obwohl sie von vornherein wissen, daß einer von ihnen tödlich verunglücken wird.

Die Franzosen machen Gruppensex, obwohl sie von vornherein wissen, daß einer von ihnen den Tripper hat.

Die Russen gehen in die Kneipe und erzählen dort politische Witze, obwohl sie von vornherein wissen, daß einer von ihnen ein Spitzel ist.

•

Dreiecksbeziehungen bei verschiedenen Nationen, in der Konstellation von zwei Männern und einer Frau.

In Italien bringt der erste Mann den zweiten um und heiratet die Frau.

In Frankreich leben alle drei harmonisch zusammen.

In Deutschland lebt die Frau am Montag, Mittwoch und Freitag mit dem einen Mann, am Dienstag, Donnerstag und Samstag mit dem zweiten. Am Sonntag stopft sie von beiden die Socken.

In Rußland: Mascha liebt Iwan, heiratet Pjotr, und alle drei sind unglücklich.

•

Ein amerikanischer, ein englischer, ein französischer und ein sowjetischer Soldat geraten als Vertreter der UNO-Streitkräfte in die Hände eines wilden Negerstamms. Die Neger wollen sie alle töten, sind aber bereit, den Todgeweihten einen letzten Wunsch zu erfüllen. Der Amerikaner möchte noch einmal Golf spielen. Der Brite möchte einen letzten Schluck Whisky trinken. Der Franzose möchte mit einer schönen Schwarzen schlafen. Als alle diese Wünsche gewährt worden sind, bleibt nur noch der Sowjetrusse übrig. Er wünscht sich, daß der Stammesfürst ihm eine gewaltige Backpfeife gibt. Dieser ist ein wenig erstaunt, gibt dem Russen aber nach einigem Zögern die gewünschte Ohrfeige. Da holt der Russe eine Pistole aus der Tasche und erschießt den Stammesfürsten. Die Wilden geraten in Panik und flüchten.

Die Geretteten fragen ihren sowjetrussischen Kollegen, warum er nicht schon früher von der Waffe Gebrauch gemacht habe. Darauf antwortet dieser: »Der sowjetische Soldat ist kein Aggressor. Er schießt nur, wenn er angegriffen wird.«

•

Ein nicht gerade reicher Franzose hat in Ostberlin außerordentlichen Erfolg bei den Damen. Welche er auch anspricht - alle laufen ihm nach. Die DDR-Männer beobachten das Liebesleben des Franzosen mit Argwohn. Als er zufällig allein im Mitropa in der Friedrichstraße sitzt, hält es einer der Eingeborenen nicht mehr aus. Er setzt sich zu ihm an den Tisch und fragt: »Sagen Sie mal - wie machen Sie es nur, daß Sie bei den Frauen so erfolgreich sind?« - »Das ist sär leischt«, sagt der Franzose. »Isch rede die Dame öflisch an. Wir sitzen in einem Café. Wir trinken ein wenisch, wir reden ein wenisch. Isch kaufe ihr Blumen. Wir gehen in mein Otel. Isch ziehe sie ganz nackt aus. Sie legt sisch auf mein Bett. Isch übergieße ihren ganzen Körper mit Sekt und küsse ihn weg.« Der Bürger hört mit offenem Mund zu. Er denkt eine Weile nach und stellt dann die zögernde Frage: »Sagen Sie mal - geht das auch mit Bier?«

Die Sowjetunion und ihre Verbündeten

•

Wer ist ein absoluter politischer Banause?
Jemand, der meint, Lumumba sei eine Geschlechtskrankheit,
Gomulka eine Käsesorte und Grotewohl ein Bergmannsgruß.

•

Anfang der fünfziger Jahre. In Budapest errichtet man zwei
Denkmäler - eines für den Russen Tschudakow und eines für
den Russen Budakow. »Wer war Tschudakow?« fragt ein Pas-
sant den anderen. »Das wissen Sie nicht?« wundert sich der
Befragte. »Tschudakow hat unter anderem das Fernsehen, das
Raumschiff, das Penizillin und das Tonbandgerät erfunden.« -
»Ach so«, sagt der Passant, »und wer war Budakow?« - »Bu-
dakow war der Erfinder von Tschudakow.«

•

Der Budapester Rundfunk war in den ersten Tagen des
Oktoberaufstands 1956 noch in Händen der Regierung und
verbreitete gezielt falsche Gerüchte über die tatsächliche
Situation im Lande.
Eine Oma geht mit ihrem kleinen Volksradio zum Pfarrer. Der
Geistliche fragt: »Wieso bringen Sie ein Radio mit in die
Kirche?« - »Ich dachte mir«, sagt die Alte, »das Ding hat schon
so viel gelogen, daß es höchste Zeit für eine Beichte ist.«

•

Nach 1956 blieben die sowjetischen Truppen in Ungarn -
trotz anderslautender Versprechungen der Regierung. Allerdings handelte es sich dabei nach der offiziellen Sprachre-
gelung um »provisorisch in Ungarn stationierte sowjetische
Truppen«. So erschien eines schönen Tages folgender Zei-
tungsbericht: »In der Stadt Szeged wurden den Vertretern der

provisorisch in Ungarn stationierten sowjetischen Truppen die Schlüssel zu ihren ständigen Wohnungen überreicht.«

●

Ist Ungarn groß?
Sehr groß sogar. Die Russen finden seit 1945 nicht mehr hinaus.

●

Für das nationale Gedächtnis der Ungarn spielt die 150 Jahre andauernde Türkenherrschaft eine wichtige Rolle. So fragte man in den sechziger Jahren:
Was ist der Unterschied zwischen den Türken und den Russen?
Die Türken haben nie behauptet, daß ihre Truppen in Ungarn provisorisch stationiert seien.
Nach einer anderen Version: Wer war Sultan Suleiman der Zweite? Der Oberkommandierende der in Ungarn provisorisch stationierten türkischen Truppen.

●

Anfang der sechziger Jahre wurde das Kádár-Regime aufgrund der allmählichen Liberalisierung populär. Chruschtschow fragt Kádár bei einem Besuch in Budapest: »Wie viele Ungarn unterstützen deine Politik?«- »Etwa acht Millionen«, antwortet Kádár. Chruschtschow ist argwöhnisch. »Und wie viele sind dagegen?« hakt er nach. »Etwa eine Million«, sagt Kádár, »aber die sind ungefährlich. Alles zuverlässige Genossen!«

●

Ein Russe und ein Pole entdecken im Wald eine riesige Kiste, die voller Gold ist. »Jetzt werden wir diesen Schatz brüderlich teilen«, sagt der Russe mit funkelnden Augen. »Nix brüderlich«, antwortet der Pole finster, »fifty-fifty!«

●

Ein polnischer und ein russischer Hund treffen sich an der Grenze. »Ich will zu euch«, sagt der polnische Hund. »Warum?« fragt der andere. »Um zu fressen!« - »Und ich will zu euch«, sagt der russische Hund. »Warum?« fragt der polnische. »Um zu bellen!« sagt der russische Hund.

●

Ein polnisches und ein russisches Kind stehen an der Grenze. Der Pole hat ein Butterbrot in der Hand und verspottet den Russen: »Ätsch, ich habe ein Butterbrot!« Darauf der andere: »Ätsch, und ich habe einen Genossen Chruschtschow!« Der kleine Pole sagt trotzig: »Aber ich werde auch bald einen Genossen Chruschtschow haben!« - »Ja, aber dann hast du kein Butterbrot mehr!« trumpft der kleine Russe auf.

●

Enver Hodscha und Chruschtschow führen ein vertrauliches Gespräch. »Sag mal, Nikita...«, beginnt der albanische Parteichef, »aber sei jetzt bitte ehrlich. Wie viele Stalinisten habt ihr in der Partei?« - »Na, etwa drei Millionen«, gibt Chruschtschow zögernd zu. »Hervorragend«, sagt der Führer des Dreimillionenlandes, »wir haben auch nicht viel mehr.«

●

August 1968. Einige Tage nach der Invasion gegen den Prager Frühling fragt jemand: »Warum sind die tschechoslowakischen Bleistifte billiger geworden?« Antwort: »Weil sie seit dem 21. August als Kolonialware zählen.«

●

Sowjetisch-tschechoslowakische gemeinsame Erklärung von 1968 im Volksmund:
»Bei einem Treffen in Moskau beschlossen die brüderlichen

kommunistischen Parteien, den Genossen Dubcek im Hinblick auf seine Verdienste um die Sache des Sozialismus aufzuhängen. Die Hinrichtung fand in freundschaftlicher Atmosphäre statt.«

●

Bei den Olympischen Spielen in Los Angeles 1984 boykottierte Ceausescus Rumänien als einziger Staat des Warschauer Vertrags den realsozialistischen Boykott.
Welches Grußtelegramm schickte man aus Moskau an die rumänischen Teilnehmer?
»wir gratulieren zu ihrer teilnahme an den olympischen spielen - stop - wir wünschen ihnen erfolg - stop - erdöl - stop - erdgas - stop...«

●

1981. Breschnew ruft aus dem Kreml im Präsidentenpalast in Kairo an. »Ich möchte die Witwe des Herrn Präsidenten Sadat sprechen«, sagt er mit mitleidsvoller Stimme. »Präsident Sadat ist aber gar nicht tot«, hört er die verständnislose Antwort. Der Generalsekretär der KPdSU schaut auf seine Armbanduhr und schimpft: »Diese verdammte Zeitverschiebung!«

●

Im August 1964 starb der französische KP-Chef während einer Reise auf die Krim. Wenig später fand der italienische KP-Führer Togliatti ebenfalls an der Schwarzmeerküste den Tod.
Frage: Was ist der Traum aller westlichen KP-Führer?
Antwort: Jalta sehen und dann sterben.

●

Woran starb der italienische KP-Chef Togliatti im Sommer 1964 in seinem sowjetischen Urlaubsort?
An einer Erkältung. Er hatte ein zu kaltes Messer in den Rücken bekommen.

Die Chinesen

•

Morgenprogramm von Radio Peking. »Hier ist Radio Peking. Es ist sechs Uhr. Der Vorsitzende Mao erwacht, und gemeinsam mit ihm erwacht das ganze große chinesische Volk. Sechs Uhr fünf. Der Vorsitzende Mao wäscht sich, und gemeinsam mit ihm wäscht sich das ganze große chinesische Volk. Sechs Uhr zehn. Der Vorsitzende Mao macht Gymnastik, und gemeinsam mit ihm macht Gymnastik das ganze große chinesische Volk. Sechs Uhr fünfzehn. Der Vorsitzende Mao geht frühstücken, und gemeinsam mit ihm geht das ganze große chinesische Volk zur Arbeit.

•

Ein Spruch aus Montenegro, dem Vorsitzenden Mao zugeschrieben:
Wohin man sich auch wendet, der Arsch bleibt hinten.

•

In Moskau vermehren sich die Ratten in besorgniserregender Weise. Um das Problem in den Griff zu kriegen, lädt die sowjetische Regierung einen amerikanischen Rattenexperten ein. Dieser hat eine kleine goldene Ratte, die mit ihrem Gesang alle Ratten aus ihren Verstecken lockt und in den Fluß Moskwa führt, wo sie allesamt ertrinken.
Nikita Chruschtschow empfängt den US-Rattenexperten feierlich im Kreml und fragt ihn beim Wodka: »Sagen Sie, Mister, haben Sie nicht zufällig einen kleinen, goldenen, singenden Chinesen?«

•

Sowjetisch-chinesische Spaltung, 1963.
Was ist der Beweis dafür, daß die kommunistische Weltbewegung immer stärker wird? - Es gibt bereits zwei davon.

●

Wer ist de Gaulle? - Der Mao von Kennedy.

●

Kohn geht in einen Lebensmittelladen, um 200 Gramm Tee zu kaufen. Der Verkäufer fragt: »Möchten Sie russischen oder chinesischen Tee?« Kohn empört: »Ich verbitte mir diese Schnüffelei! Geben Sie mir 200 Gramm holländischen Kakao!«

●

Sowjetisch-chinesischer Krieg. Sowjetische Siegesmeldung am ersten Tag: »Hunderttausend chinesische Kriegsgefangene.« Sowjetische Siegesmeldung am zweiten Tag: »Eine Million chinesische Kriegsgefangene.« Sowjetische Siegesmeldung am dritten Tag: »Zehn Millionen chinesische Kriegsgefangene.«
Am vierten Tag kommt ein Telegramm aus Peking: »Gebt lieber auf! Sonst ergeben wir uns alle!«

●

1969, Mitteilung der sowjetischen Nachrichtenagentur TASS über den neuesten Konflikt mit den Chinesen: »An der sowjetisch-chinesischen Grenze eröffneten die Chinesen das Feuer. Sie schossen mit Maschinengewehren auf einen friedlich pflügenden sowjetischen Traktor. Der Traktor erwiderte das Feuer und flog weg.«

●

1969, Frage an Radio Jerewan: Ist die friedliche Koexistenz von Staaten mit derselben Gesellschaftsordnung möglich?

•

Was wünschen sich die Polen von China?
Daß es zwölfmal Polen okkupiert und zwölfmal seine Truppen wieder abzieht.
Warum wünschen sie sich so etwas?
Weil dann die chinesische Armee vierundzwanzigmal durch die Sowjetunion zieht.

•

Nach Beendigung des sowjetisch-chinesischen Konflikts. Budapest, Maifeier. Überall sind chinesische Soldaten und Polizisten. Kohn und Grün tragen mitten in einer demonstrierenden Menschenmenge einen riesengroßen Drachen. Kohn zu Grün: »Wer war der Dummkopf, der damals immer gesagt hat, die Russen müßten 'raus?«

•

Die Chinesen haben die ganze Welt erobert. Kohn Fu-tse und Grün Fu-tse sitzen in Bu Da-pest traurig im Café »Der Osten ist rot« und sprechen von alten Zeiten. Kohn Fu-tse sagt: »Vielleicht kannst du dich noch erinnern... Wer war eigentlich der Idiot, der damals auf der Beerdigung von Konrad Adenauer versehentlich Walter Ulbricht erschossen hat?«

Die goldene Freiheit

●

Warum ist in Albanien die Sportart Dreisprung verboten? Damit niemand aus dem Land fliehen kann.

●

Bei seinem Moskau-Besuch 1974 merkt US-Präsident Nixon, daß die Straßen am Abend wie leergefegt sind. Er wundert sich und fragt einen Passanten nach dem Grund. »Wissen Sie, Mr. President«, erklärt dieser, »vor ein paar Monaten wurde der Schriftsteller Solschenizyn wegen eines Buches in den Westen abgeschoben. Seitdem sitzen die Leute nach der Arbeit zu Hause - sie schreiben, schreiben und schreiben.«

●

Ein Sowjetbürger steht auf der Landstraße und möchte per Anhalter fahren. Plötzlich kommen mehrere Lastwagen vorbei, deren offene Ladeflächen voller Menschen sind, und diese Menschen schreien: »Nieder mit Breschnew!« Was für sympathische Leute, denkt der Sowjetbürger. Ob sie mich wohl mitnehmen? Ein Lastwagen hält an und nimmt ihn auf. Er steht nun oben zwischen den anderen und schreit: »Nieder mit Breschnew!« Irgendwann fragt er seinen Nebenmann: »Wo fahrt ihr eigentlich hin?« Dieser antwortet: »Zur Hinrichtung!«

●

Kohn wird Held der Arbeit und hat die Ehre, am 1. Mai auf der Tribüne neben Rákosi zu sitzen. Der Diktator sagt zu ihm: »Siehst du, Genosse Kohn, hier ist ein Lautsprecher. Wenn du willst, kannst du über diesen Lautsprecher eine Rede an das Volk halten.«

»Und das ganze Volk wird mich hören?« »Natürlich«, ermuntert ihn Rákosi, »beinahe die ganze Welt!« Kohn tritt ans Mikrophon und brüllt in voller Lautstärke: »Hilfe!«

•

Kohn will zu einem Verwandtenbesuch im Westen seinen Papagei mitnehmen. »Lebende Tiere dürfen nicht mitgenommen werden«, sagt der Zollbeamte an der Grenze. »Was soll ich denn mit ihm machen?« fragt Kohn ratlos. »Na ja«, tröstet der Zollbeamte, »wenn Sie ihn braten oder ausstopfen, können Sie ihn mitnehmen.« Da schreit der Vogel: »Ausgestopft oder gebraten - bloß weg hier!«

•

Der albanische Diktator Enver Hodscha hat einen Lieblingszigeuner, mit dem er ab und zu über Politik redet, um des Volkes Meinung zu erfahren. »Was würdest du tun«, fragt er ihn einmal, »wenn ich die Landesgrenzen öffnen ließe?« - »Ich würde auf einen hohen Baum klettern, Genosse Hodscha«, sagt der Zigeuner. »Warum?« fragt der Parteichef. Der Zigeuner entgegnet: »Damit man mich nicht umrennt.«

Wettbewerb der Systeme

•

Was ist der Unterschied zwischen dem amerikanischen und
dem sowjetischen Aids-Virus? Das amerikanische Virus ist
unheilbar, das sowjetische unbesiegbar.

•

Parteiversammlung in Budapest, Anfang der fünfziger Jahre. Der Parteisekretär erläutert die Verelendungstheorie, der-
zufolge die Proletarier im Kapitalismus immer ärmer werden. Er teilt mit, die US-Bürger seien inzwischen so arm,
daß jeder von ihnen höchstens zwei Hosen besitze. Der
Genosse Kohn beginnt daraufhin ausführlich zu kichern.
»Was gibt es denn da zu kichern, Kohn?« fragt der Parteisekretär irritiert. »Ich dachte nur gerade an meinen Onkel in
Amerika«, antwortet Kohn. »Soeben hat er mir ein Paket mit
zwei Hosen geschickt. Jetzt läuft der Dummkopf also in
Unterwäsche herum!«

•

Nixon und Breschnew wetteifern darin, wer mehr Macht hat.
Nixon möchte seine Autorität zeigen und läßt eine Preiserhöhung für Fleisch um 0,8 Prozent verkünden. Die Gewerkschaften rufen den Generalstreik aus, und der Präsident muß
seine Verordnung zurückziehen.
Breschnew verkündet eine zehnprozentige Preiserhöhung
für Fleischwaren. Die Gewerkschaften schweigen. Dann
läßt er den Preis für Milchprodukte um 30 Prozent erhöhen.
Keine Reaktion. Ebenfalls ohne Konflikt gelingt ihm eine
fünfzigprozentige Erhöhung der Benzinpreise und eine hun-
dertprozentige Erhöhung der Fahrkartenpreise im Nahver-
kehr. Es herrscht Ruhe im Lande. Schließlich läßt er einen
Ukas in der Prawda abdrucken, daß alle Mitglieder des

Zentralen Gewerkschaftsrats verpflichtet sind, sich binnen einer Woche aufzuhängen. Einige Tage später erscheint ein Vertreter der Gewerkschaft im Kreml, um Breschnew zu fragen: »Sagen Sie, Genosse Generalsekretär, bekommen wir einen staatlichen Strick oder sollen wir ihn selbst beschaffen?«

•

Breschnew im Weißen Haus. Nixon möchte ihm eine besondere Freundlichkeit erweisen. »Stellen Sie sich vor, Herr Breschnew«, sagt er, »wir haben eine Telefonverbindung zur Hölle.« - »Tatsächlich?« wundert sich der sowjetische Parteichef. »Lassen Sie uns doch anrufen!« Nixon ruft in der Hölle an, spricht ein paar Worte mit dem Teufel und legt den Hörer wieder auf. »Leider ist es zu teuer«, erklärt er. »Jede Sekunde kostet tausend Dollar!«

Im folgenden Jahr besucht Nixon die sowjetische Hauptstadt. Breschnew kann nun ebenfalls ein Telefongespräch mit der Hölle anbieten. Er wählt, spricht eine halbe Stunde lang mit dem Teufel und legt dann den Hörer auf. Nixon fragt, wieviel so ein langes Gespräch koste. »Zwei Kopeken«, antwortet Breschnew. »So billig?« wundert sich Nixon. »Na ja«, Breschnew zuckt die Achseln, »Ortsgespräch.«

•

Die Staatsmänner prahlen mit den Leistungen ihres Landes. Der Russe sagt: »Mein Land hat einen Flugzeugträger, auf dem die gesamte Flugzeugproduktion der USA Platz finden könnte.« Der Chinese sagt: »Meine Landsleute vermehren sich so schnell, daß wir am Ende jeder Volkszählung ihre Zahl automatisch verdoppeln können.« - »Das ist noch gar nichts«, sagt der Amerikaner. »Bei uns gibt es einen Tiergarten, der größer ist als jede sowjetische oder chinesische Stadt. Einmal flüchtete ein Löwe aus seinem Käfig, und erst nach Monaten merkte man, daß etwas am Personal zehrt.«

Frieden, Krieg und Katastrophen

•

Was ist zu tun, falls ein Atomkrieg ausbricht? Man hüllt sich in ein Laken und schleicht ganz leise in Richtung Friedhof. Warum ganz leise? Damit keine Panik entsteht.

•

Frühherbst 1983. Die sowjetische Luftwaffe hat ein südkoreanisches Zivilflugzeug abgeschossen. Die inoffizielle Version des Ereignisses lautete so:
Ein sowjetisches Militärflugzeug fliegt über den Stillen Ozean. Der erste Pilot schaut aus dem Fenster und fragt den zweiten: »Sag mal, ist da unweit von uns ein Zivilflugzeug?« Der zweite Pilot denkt nach, drückt auf einen Knopf und sagt: »Gefunden.«

•

In der sowjetischen Atomzentrale drückt jemand aus Versehen auf einen Knopf. Nach ein paar Minuten kommt ein wütender General und brüllt: »Schweinebande! Daß es keine Niederlande mehr gibt, können wir verkraften. Aber daß es keine Disziplin mehr gibt - das nenne ich eine Unverschämtheit!«

•

Nach dem Dritten Weltkrieg sind nur noch drei Frauen am Leben geblieben. Verzweifelt fristen sie in einem Dschungel ihr Dasein. Plötzlich kreuzt ein sowjetischer Offizier auf. Die Frauen flehen ihn an, mit ihnen zu schlafen und sie zu befruchten, damit die Menschheit nicht ausstirbt. Der Mann ziert sich eine Weile, doch die Frauen lassen nicht locker. »Aber nur unter einer Bedingung«, sagt er schließlich. »Wie lautet sie?« fragen die Frauen. Der

Offizier stellt sich in Pose und schnarrt: »Die sofortige Anerkennung der DDR!«

•

Friedenskampagne in der DDR am Ende der siebziger Jahre. Bei Meiers klingelt es. Zwei Agitatoren fragen Herrn Meier, wie er zur Neutronenbombe stehe. Meier ist völlig aus dem Häuschen und rennt in die Küche, um sich mit seiner Frau zu beraten. Dann kommt er zurück, schlotternd vor Angst, und sagt zu den Agitatoren: »Höchstens zwei können wir übernehmen - mehr auf keinen Fall.«

•

Warum konnte im chinesisch-indischen Grenzkonflikt der frühen sechziger Jahre keine der beiden Seiten einen Sieg erringen? Weil, wie allgemein bekannt, sowjetische Waffen unbesiegbar sind.

•

Was ist der Unterschied zwischen Ceausescu und der Neutronenbombe? Die Neutronenbombe tötet den Menschen. Ceausescu tötet ihn nicht, läßt ihn aber auch nicht leben.

•

Ein Bericht der rumänischen Nachrichtenagentur Agerpress nach dem Erdbeben 1977: »Das Erdbeben machte einen Staatsbesuch in den von Ceausescu heimgesuchten Regionen.«

Naturwissenschaft und Technik

•

In der Stalinschen Sowjetunion galt, daß im allgemeinen alle großen wissenschaftlichen Erfindungen das Werk von Russen waren. Eines Tages erklärt die Moskauer Akademie der Wissenschaften, nicht nur die Dampfmaschine und das Radio, sondern auch das Röntgengerät sei nicht von Professor Röntgen, sondern von einem Russen erfunden worden. Bei dem Erfinder handele es sich um einen nach Sibirien verbannten Revolutionär. In seinem Nachlaß habe man einen Brief gefunden, den er seinerzeit an seine Ehefrau in Moskau geschrieben habe: »Mascha, Mascha, du betrügst mich, du Luder, aber ich durchschaue dich.«

•

Frage an Radio Jerevan: Können Wanzen leuchten?
Antwort: Nein. Sonst würde es nicht nur in Leningrad, sondern auch in Moskau weiße Nächte geben.

•

Als der ungarische Mathematiker Ernö Rubik seinen berühmten Würfel in Umlauf brachte, fragte man in Ungarn: Was ist ein kommunistischer Rubik-Würfel?
Antwort: Er hat sechs Seiten, alle sind rot, und man kann sie trotzdem nicht zusammenbringen.

•

Ein sowjetischer Mediziner macht eine Erfindung: Man kann die Mandeln auch durch den Arsch operativ entfernen. Er wird sofort ausgezeichnet. Der Gesundheitsminister fragt ihn bei dem feierlichen Empfang, wie er auf diese geniale Idee gekommen sei. Er antwortet: »Durch sorgfältige Analyse der gesellschaftlichen Verhältnisse, Genosse Minister.«

•

Die Bulgaren wollen nach sowjetischem Muster einen Sputnik ins All schicken. Die Parteizeitung schreibt jeden Tag über das zu erwartende historische Ereignis, und ganz Sofia ist festlich beflaggt. Einen Tag vor der geplanten Unternehmung schickt Schiwkow ein Telegramm nach Moskau: »Hund ist vorhanden - wir bitten um Sputnik.«

•

Countdown beim Start des ersten ungarischen Raumschiffs: vier... drei...zwei...eins...null...minus eins...minus zwei...

•

Jurij Gagarins erste Worte nach der Landung: »Bitte eine saubere Hose.«

•

Nicolae Ceausescu empfängt den ersten rumänischen Kosmonauten nach dessen Rückkehr aus der Sowjetunion. Er fragt ihn: »Wie haben Sie es fertiggebracht, aus solcher Höhe nicht abzustürzen?« Der Kosmonaut erklärt, es gebe im Raumschiff einen Mechanismus, der gegen das Gesetz der Schwerkraft wirke. Am Abend berichtet der Conducator seiner Frau Elena von dem Gespräch mit dem Kosmonauten. »Und wenn du mich ohrfeigst«, sagt er, »ich kann mich einfach nicht erinnern, wann ich dieses Gesetz erlassen habe.«

•

Japanische Geschäftsleute fassen die Erlebnisse eines Besuchs in der DDR zusammen. »Am besten haben uns drei Museen gefallen: Pergamon, Pentacon und Robotron.«

Bullen und Geheimdienste

•

Woran erkennt man, daß ein Volkspolizist besonders dumm ist? Daran, daß er in einen Intershop geht, sich auf die Regale setzt und politisches Asyl fordert.

•

Zwei ungarische Polizisten stehen auf dem Flughafen Feri-hegy. Der eine sagt: »Erklär mir doch mal, wie die Terroristen es schaffen, diese riesengroßen Flugzeuge zu klauen?« - »Du Dummkopf!« ereifert sich der andere. »Wegen solcher wie dir haben die Leute den Bullenwitz erfunden! Die Flugzeuge werden doch nicht hier auf dem Boden geklaut, wo sie so groß sind, sondern da oben, wo sie ganz klitzeklein sind!«

•

Ein Polizist erzählt einem Kollegen von seiner neuen Wohnungseinrichtung. »Stell dir vor«, prahlt er, »was wir an der Wand haben! Einen Picasso.« - »Tatsächlich!« wundert sich der andere. »Und was macht ihr dagegen?«

•

Ein Mann lehrt seinen Papagei den Satz: »Nieder mit Breschnew!« Sein Nachbar denunziert ihn, und er wird beim KGB vorgeladen. Das Verhör dauert drei Tage, aber für diesmal kommt er mit einer Verwarnung davon. Nach Hause zurückgekehrt, packt er sofort den Papagei und sperrt ihn in den Eisschrank. Nach zwei Stunden holt er den vor Kälte zitternden Vogel wieder heraus und sagt: »Nun hast du eine Vorstellung davon, wie es in Sibirien zugeht!«

•

Eine der Hauptbestrebungen des sowjetischen Generalse-kretärs und früheren KGB-Chefs Jurij Andropow bestand in der Bekämpfung der schlechten Arbeitsdisziplin. So ent-stand 1983 eine »kurze Geschichte des KGB in Telefonge-sprächen«.

Unter Stalin: »Hallo, KGB?« - »Was gibt es?« - »Mein Nachbar frißt roten Kaviar.« - »Wir sind gleich da!«

Unter Chruschtschow: »Hallo, KGB?« - »Was gibt es?« - »Mein Nachbar frißt roten Kaviar.« - »Na und?« - »Aber mit Löffel.« - »Wir sind gleich da!«

Unter Breschnew: »Hallo, KGB?« - »Was gibt es?« - »Mein Nachbar frißt roten Kaviar.« - »Na und?« - »Aber mit Löffel.« - »Na und?« - »Aber mit goldenem Löffel.« - »Wir sind gleich da!«

Unter Andropow: »Hallo, KGB?« - »Was gibt es?« - »Mein Nachbar frißt roten Kaviar.« - »Na und?« - »Aber mit Löffel.« - »Na und?« - »Aber mit goldenem Löffel.« - »Na und?« - »Aber während der Arbeitszeit.« - »Wir sind gleich da!«

•

Ein Mann läuft die Moskauer Gorkij-Straße entlang und hat eine goldene Axt in der Hand. Ein Ziviler geht auf ihn zu und fragt:
»Wo haben Sie diese goldene Axt gekauft?« Der Mann zuckt die Achseln und antwortet: »Ätschibätsch.« Er geht weiter, der Zivile kommt hinterher und fragt wieder und wieder: »Wo haben Sie diese goldene Axt gekauft?« Die Antwort ist immer: »Ätschibätsch.« Als der Zivile nicht von ihm ablas-sen will, geht der Mann in eine Toreinfahrt. Der Polizist folgt ihm. Eine Minute später kommt der Mann wieder aus der Toreinfahrt. Von seiner goldenen Axt tropft Blut. Er murmelt vor sich hin: »Wo gekauft? Ätschibätsch. Im GUM gekauft. Ätschibätsch.«

•

71

In Fidel Castros Havanna gibt es sogenannte posadas, billige Stundenhotels, in denen Mann und Frau ungestört miteinander schlafen können. Zwei bulgarische Gastarbeiter fragen ihren Botschafter, ob sie mit ihren kubanischen Freundinnen dort hingehen dürfen. »Aber natürlich, Jungs«, antwortet der Diplomat. »Nur eines müßt ihr wissen: Von jedem Pärchen werden dort fünf Fotos gemacht. Eines kriege ich, das zweite der kubanische Geheimdienst, das dritte eure Ehefrau in Sofia, das vierte der bulgarische Geheimdienst...und wenn ich nur wüßte, wo sie das fünfte Foto hinschicken!«

•

Ein sowjetischer Geiger und sein KGB-Begleiter kehren von einem internationalen Musikfestival zurück. Der Musiker hat alle möglichen Wettbewerbe gewonnen, ist aber trotzdem auffällig deprimiert. Sein Bewacher fragt ihn: »Warum bist du so traurig? Du hast doch eher Grund, dich zu freuen!« - »Ach, ich wollte so gerne auf einer echten Stradivari spielen, und ich hatte keine Möglichkeit dazu«, seufzt der Preisträger. - »Warum ist es für dich so wichtig, auf einer Stradivari zu spielen?« fragt der andere befremdet. Da fragt der Geiger entrüstet zurück: »Ja, hattest du denn noch niemals den Wunsch, mit der Pistole des Genossen Dzierzinsky zu schießen?«

•

Mojsche steht auf dem Berliner Alexanderplatz und schimpft laut auf die Mauer und das Honeckerregime. Er wird von der Stasi abgeführt und verhört, aber angesichts seines hohen Alters kommt er mit einer ernsthaften Verwarnung davon. Er geht nach Hause, betrachtet sich im Badezimmerspiegel und sagt: »Mojsche, Mojsche, einer von uns beiden ist ein Spitzel!«

•

Anfang der fünfziger Jahre in Ungarn. Kohn liest auf der Straße die Parteizeitung »Szabad Nép« und sagt dabei laut: »Der Schurke!«
Ein Geheimpolizist in Zivil tritt zu ihm hin, zeigt seinen Ausweis und sagt: »Sie sind festgenommen!« - »Aber bitte sehr«, streitet Kohn, »ich habe Truman gemeint!« »Kann nicht sein«, sagt der Schnüffler, »es gibt nur einen Schurken.«

●

Nach einer Preiserhöhung schimpft ein Kunde lautstark im größten Budapester Lebensmittelladen auf das Regime. Ein anderer Mann tritt zu ihm, zieht einen Dienstausweis aus der Tasche und sagt: »Sie kommen mit.« Der Betreffende zückt ebenfalls einen Dienstausweis und antwortet: »Ich komme nicht mit.«

●

Sowjetischer Witz aus den siebziger Jahren, als der Staat eine Kampagne gegen die moderne Kunst startete:
Auf der Gorkij-Straße geht ein Avantgardekünstler spazieren und hinter ihm gehen zwei Kunsthistoriker - in Zivil.

Juden, Bauern und Zigeuner

•

Was ist das absolut Unwahrscheinliche in Ungarn? Daß ein jüdischer Bergmann von einem Roma-Staatsanwalt angeklagt wird.

•

Ein Zigeuner wird nach 1945 vor den Rechtfertigungsausschuß, die ungarische Behörde für Entnazifizierung, zitiert. Man beschuldigt ihn, für die Pfeilkreuzler Geige gespielt zu haben. Das gibt er zu, und er wird verurteilt. Nach seiner Entlassung fragt ihn seine Frau: »Wie konntest du dich derart entblöden, zuzugeben, daß du für die Pfeilkreuzler Geige gespielt hast?« - »Es hatte keinen Sinn, das zu leugnen«, sagt der Zigeuner, »mindestens drei von ihnen saßen im Ausschuß.«

•

Ein Zigeuner sitzt vor seinem Haus auf der Bank, die Tür ist sperrangelweit geöffnet, und im Zimmer dröhnt der Sender Freies Europa in voller Lautstärke. Plötzlich kommt ein Geheimdienstoffizier in Uniform vorbei. Der Zigeuner hat keine Zeit mehr, das Radio auszuschalten. In seiner Verlegenheit greift er zur Geige und beginnt zu spielen. Der Geheimpolizist sagt mit drohender Stimme: »Zigeuner, du hörst doch gerade den Feindsender!« - »Wieso hören?« tut der Angesprochene verwundert. »Im Gegenteil! Ich störe ihn!«

•

Zu Beginn der fünfziger Jahre kommt ein Bauer nach Budapest, um seine Verwandten zu besuchen. Er findet sich aber plötzlich nicht mehr zurecht. So fragt er einen Mann: »Entschuldigen Sie, können Sie mir bitte sagen, wie ich zum Teréz-Ring komme?« »Es gibt keinen Teréz-Ring mehr«, hört er die Antwort, »es gibt nur noch einen Leninring.«- »Aber wo ist die Andrássy-Straße?« fragt der Bauer weiter. »Es gibt keine Andrássy-Straße mehr«, hört er, »es gibt nur noch eine Stalinstraße.« Auch erfährt der Bauer, daß es keine Zollamtsstraße mehr gibt, sondern nur eine, die nach dem Marschall Tolbuchin benannt wurde. Auch der Vigadó-Platz heißt jetzt Molotow-Platz. Traurig darüber, daß er nichts mehr findet, geht der Bauer zur Donau und setzt sich ans Ufer. Ein Polizist kommt auf ihn zu und fragt: »Was machen Sie hier, mein Herr?« - »Nichts«, antwortet der Bauer, »ich sitze nur so da und schaue, wie die Wolga fließt.«

●

Auf einer Italienreise geht Kohn in den Vatikan und möchte um jeden Preis erreichen, daß er auf einem Zeitungsfoto mit dem Papst zusammen erscheint. Tag und Nacht sitzt er vor dem päpstlichen Palast, so daß die Journalisten alle neugierig werden. Als der Papst schließlich herauskommt, fotografieren sie die beiden zusammen. Ein Journalist fragt Kohn, weshalb es für ihn so wichtig war, mit dem Papst zusammen abgelichtet zu werden. »Na ja«, sagt Kohn, »die Zeitungen werden in der Dob-Straße ankommen, alle betrachten das Foto und sagen: Der da ist Kohn - aber wer ist der Tiaraträger neben ihm?«

●

Der polnische Kardinal Wyszinsky zelebriert in Warschau eine Messe. Plötzlich erblickt er Kohn, der mit andächtigem Gesicht in der ersten Reihe sitzt. Nach dem Gottesdienst geht er zu ihm und spricht ihn an: »Herr Kohn, was suchen Sie eigentlich hier? Ich denke, es wäre besser, wenn Sie demnächst eine Synagoge besuchten.« Kohn gibt beleidigt zurück: »Wieso, Eure Eminenz? Darf denn a Jid ka Reaktionär sein?«

•

Der Tourist Kohn möchte den Papst sprechen. Die Schweizergarde läßt ihn aber nicht in den Vatikanspalast. Als der Papst herauskommt, um die Menge zu segnen, ruft Kohn: »Herr Papst, ich möchte Sie ganz herzlich grüßen!« Die Schweizer Gardisten drängen Kohn ab, er aber schreit dem Papst noch zu: »Und meine besten Grüße auch an Ihre Heiligkeit, die gnädige Frau Päpstin!«

•

Kohn erleidet Schiffbruch irgendwo im Südpazifik und rettet sich auf eine unbewohnte Insel. Er findet dort genug zu essen und richtet sich mit der Zeit allmählich ein. Er baut nicht nur ein kleines Wohnhaus, sondern außerdem zwei Synagogen. Einige Jahre später geht ein Schiff vor Anker. Kohn ist hocherfreut, und die Seeleute sind bereit, ihn mitzunehmen. Sie bewundern Kohns Leistungen, vor allem seine Kunst beim Hausbau. Allerdings verstehen sie nicht, warum er auf einer unbewohnten Insel gleich zwei Gotteshäuser gebaut hat. »Die eine Synagoge besuche ich regelmäßig«, erläutert Kohn. »Die andere Synagoge ist die, in die ich niemals einen Fuß setzen würde.«

•

Kohn fährt gleich nach dem Krieg geschäftlich nach Berlin. Nach der Rückkehr fragen ihn seine Bekannten in Budapest, wie ihm die ehemalige Reichshauptstadt gefallen habe. »Um ehrlich zu sein«, sagt Kohn bedeutungsschwer, »Aquincum hat mir besser gefallen.«

•

Der General hält eine Rede: »Soldaten! Worte wie Angst und Furcht gibt es in unserem Wörterbuch nicht!«
Der Soldat Kohn fragt: »Haben Sie nicht unter 'in die Hose machen' nachgesehen?«

●

Kohns Kleiderladen wird 1948 von den Kommunisten enteignet. Man entfernt das Firmenschild und ersetzt es durch die Aufschrift »VEB Textilien«. Aus reiner Menschlichkeit läßt man Kohn aber weiterhin dort arbeiten. Kohn fühlt sich den Kommunisten gegenüber zu Dankbarkeit verpflichtet und arbeitet so fleißig, daß er bald zum »Stoßarbeiter« ernannt wird. Am Tage nach der Ehrung nimmt Kohn eine Leiter, klettert hinauf und nagelt ein neues Firmenschild an die Fassade: »Kohn & VEB Textilien«.

●

In den Oktobertagen 1956 traut Kohn sich nicht auf die Budapester Straßen. Man fragt ihn nach dem Grund. »Ich habe Angst, daß man mich mit Rákosi verwechseln könnte«, sagt er. »Aber Herr Kohn«, versucht man ihn zu beruhigen, »Sie sehen doch Rákosi gar nicht ähnlich!« - »Glauben Sie«, gibt er zurück, »daß das jemanden interessieren wird?«

●

Jesus Christus kommt auf die Erde und möchte wissen, ob sich die Leute noch seiner erinnern. Zuerst sucht er einen katholischen Pfarrer auf. Er klingelt, und der Pfarrer öffnet die Tür. Jesus fragt: »Weiß du noch, wer ich bin?« - »Ich kenne Sie nicht«, antwortet der Pfarrer. Jesus geht enttäuscht weiter. Er trifft einen evangelischen Pfarrer, der ihn aber ebenfalls nicht erkennt. Schließlich klingelt der traurige Erlöser bei einem Rabbi. Als dieser die Tür öffnet, fragt Jesus ihn: »Kennst du mich noch?« Der Rabbi schaut ihn gründlich an, zögert ein wenig, breitet dann beide Arme aus und sagt: »Machen Sie doch mal so!«

Die Intelligenz

•

Spielregeln für Intellektuelle:
Wenn du etwas denkst, sage es nicht.
Wenn du etwas sagst, schreibe es nicht.
Wenn du etwas schreibst, veröffentliche es nicht.
Wenn du etwas veröffentlichst, wundere dich nicht.

•

Der kleine Moritz will ins Schwimmbad, die Kassiererin
verweigert ihm jedoch die Eintrittskarte. Auf sein »Warum«
gibt sie zur Antwort: »Weil du immer ins Wasser pinkelst.«
- »Das tun hier doch alle«, entgegnet der kleine Moritz. »Das
mag schon sein«, sagt die Kassiererin. »Aber die anderen
pinkeln nicht vom Dreimeterbrett!«

•

Was waren die letzte Worte des sowjetischen Dichters Ma-
jakowskij unmittelbar vor seinem Selbstmord im April
1930?
»Genossen, bitte nicht schießen!«

•

Was ist ein sowjetisches Streichquartett?
Ein sowjetisches Symphonieorchester nach der Rückkehr
von einer Westtournee.

•

Sowjetische Musiker ließ man in den siebziger Jahren nur
ungern mit ihrer Familie auf Westtournee gehen, weil man
Angst hatte, sie würden dann im Westen bleiben. Daher
beschafften sich manche Musiker vor der Abreise eine ärzt-
liche Bescheinigung, daß sie pflegebedürftig seien und die

Ehefrau deshalb dringend mitfahren müsse. Der Antrag, den sie stellten, begann meist mit den Worten: »Ich möchte meine Ehefrau mit auf die Westtournee nehmen, weil ich krank bin.« Der berühmte Musiker Rostropowitsch schrieb einmal in einem solchen Antrag: »Ich möchte meine Frau mit auf die Westtournee nehmen, weil ich vollkommen gesund bin.«

(authentisch)

•

Auf einer Sitzung im sowjetischen Musikerverband erörtert man das Verhalten einiger Kollegen, die auf ihrer Westreise öffentlich die Kulturpolitik der Sowjetregierung kritisiert haben. »Solche Musiker«, erklärt der Parteisekretär, »werden nie mehr ins Ausland reisen dürfen.« - »Wieso das?« fragt Rostropowitsch. »Seit wann ist es eine Strafe, in der Sowjetunion leben zu müssen?«

•

In einer lauwarmen Sommernacht zieht der Dichter P. betrunken durch die Budapester Straßen. An einer Straßenecke verspürt er das Bedürfnis, sich zu erleichtern. Dabei wird er von zwei Polizisten beobachtet. Sie teilen ihm mit, es sei verboten, in der Öffentlichkeit zu urinieren, und verlangen seinen Ausweis, den er unter lallendem Protest aushändigt. In der Rubrik »Beruf« entdeckten die Ordnungshüter die Bezeichnung »Schriftsteller«. Daraufhin sagt ein Polizist zum anderen: »Laß ihn - er ist ein Intellektueller.«   *(authentisch)*

•

Wie viele Wege hat die ungarische Intelligenz?
Zwei: der eine ist der Alkoholismus, der zweite ist ungangbar.

•

Warum kehren so viele ungarische Intellektuelle von ihrer Westreise zurück? Aus Abenteuerlust.

Schweinisches

•

Lenin sagt zu Gorkij: »Alexej Maximitsch, wie wäre es mit einem kleinen Schnaps und ein paar hübschen Mädels? Laß uns ausgehen!« Gorkij antwortet empört: »Aber Wladimir Iljitsch! Jetzt, wo Rußland hungert! Wo der Bürgerkrieg tobt!« Lenin beschämt: »Na gut, na gut, Alexej Maximitsch. Dann nehmen wir einen Fruchtsaft zu uns und begnügen uns mit Nadeshda Konstantinowna!«

•

Der Papst leidet an einer tiefen Depression, und die Ärzte empfehlen ihm die körperliche Liebe als einziges Heilmittel. Da diese mit seinem Glauben unvereinbar ist, lehnt er den Vorschlag strikt ab. Die Bischöfe setzen ihn jedoch unter Druck, und so willigt er schließlich ein. Allerdings stellt er vier Bedingungen. »Erstens: Sie muß blind sein, damit sie mich nicht sieht. Zweitens: Sie muß taub sein, damit sie mich nicht hört. Drittens: Sie muß stumm sein, damit sie nichts weitererzählen kann. Viertens: Sie muß riesengroße Titten haben!«

•

Der schwule Gogoberidze wird in Georgien vor Gericht zitiert. Die Anklage lautet auf Unzucht mit einem Minderjährigen. Gogoberidze wird aufgefordert, den Tathergang zu schildern und hebt an: »Verehrtes Gericht, ich sage es so, wie es war. Ich sonne mich am Strand. Plötzlich kommt dieser wunderschöne Knabe auf mich zu. Lange, schlanke Beine... schmale Hüften...weiche, dunkle Locken... sonnengebräunte Haut. Stellen Sie sich das bitte vor! Die schwarzen Augen funkeln, von der kaum behaarten Haut perlt das Meerwasser, dann dieser wundervolle runde Po...«

Der Richter fällt dem Angeklagten ins Wort: »Hören Sie auf, Bürger Gogoberidze, hören Sie auf!« stöhnt er gequält. »Schließlich sind wir auch nur Menschen!«

•

Anfang der fünfziger Jahre. Der Stoßarbeiter kommt von der Nachtschicht nach Hause und erwischt seine Ehefrau im Bett mit einem anderen Mann. »Um wieviel haben Sie die Norm übererfüllt?« fragt er finster den Nebenbuhler. »Um 165 Prozent«, antwortet dieser. Der Stoßarbeiter erbleicht. »Ich konnte es heute nur auf 130 Prozent bringen. Sie haben gewonnen - die Frau gehört Ihnen.«

•

Nachdem der Flugkapitän die Sicherheitshinweise für die Passagiere verkündet hat, vergißt er den Lautsprecher aus-zuschalten und sagt zum zweiten Piloten: »Jetzt frühstücke ich, und danach werde ich mit der Stewardeß vögeln.« Die Stewardeß hört mit allen Passagieren diesen Satz, errötet und huscht über den Gang, um den Lautsprecher auszuschalten. Ein Passagier berührt sie am Arm und sagt beruhigend: »Sie brauchen sich nicht zu beeilen. Er hat doch gesagt, daß er erst frühstücken will!«

•

Bei seinem Amerika-Besuch 1958 möchte der sowjetische Parteichef Chruschtschow ein Bordell besuchen. Er geht hin und schläft mit einer schönen jungen Prostituierten. Dann fragt er nach dem Preis. »Fünf Dollar«, sagt sie, und Chruschtschow blättert verwundert die niedrige Summe hin. Vor seiner Abreise möchte er noch einmal in diesen Genuß kommen. Er geht zu der Prostituierten, und nach dem Bei-schlaf fragt er nach dem Preis. »Tausend Dollar«, sagt die junge Dame. »Wieso denn?« fragt Chruschtschow verdutzt. »Voriges Mal hat es doch nur fünf Dollar gekostet!« - »Ja, sicherlich«, sagt die Prostituierte. »Voriges Mal hat auch das Fernsehen die Kosten übernommen.«

●

Der sowjetische Regierungschef Bulganin geht bei einem Empfang in London im Jahre 1956 aufs Klo. Als er dort fertig ist, möchte er weggehen, aber die Tür öffnet sich nicht. Er bemerkt drei Knöpfe an der Wand und glaubt, einer von ihnen sei der automatische Türöffner. Er drückt auf den ersten Knopf, und eine leise Musik ertönt. Er drückt auf den zweiten Knopf, und es riecht nach Parfum. Als er den dritten Knopf drückt, sieht er eine Leuchtschrift an der Wand: »Bevor du gehst, drücke die Wasserspülung, du Idiot!«

●

János Kádár kommt nach seinem Tod in die Hölle. Man bereitet schon den Kessel mit dem heißen Öl für ihn vor, als er sieht, daß sich in einer Zelle Leonid Breschnew und Gina Lollobrigida lieben. Kádár ist empört über diese Ungerechtigkeit und fragt den Oberteufel: »Wie ist es möglich, daß ich, der liberalste aller Ostblockparteichefs, im Kessel schmoren soll, während dieser Schurke in den Genuß der Liebe kommt? Das ist doch eine wahre Auszeichnung für ihn!« - »Das ist keine Auszeichnung«, antwortet der Oberteufel. »Das ist die Strafe für die Lollobrigida, diese unsittliche Person!«

●

Zwei sowjetische Frauen erzählen von ihren sexuellen Ausschweifungen: »Wir wollten mit sechzehn Männern Gruppensex machen. Acht davon waren impotent. Von den verbliebenen acht waren vier schwul, von den verbliebenen vier waren zwei Alkoholiker, die letzten beiden hatten schwache Nerven, und so sind wir keusch geblieben.«

•

Parteiversammlung in der Sowjetunion der fünfziger Jahre. Der Parteisekretär erzählt: »Vor der Großen Oktoberrevolution hat man die Arbeiterklasse blutig unterdrückt.« Darauf sagt der alte Kommunist Iwanow mit einem Stoßseufzer: »Ach, was waren das für schöne Zeiten!« Der Parteisekretär glaubt sich verhört zu haben und fährt mit seiner Agitation fort: »Vor der Großen Oktoberrevolution hat man die Bauernschaft gnadenlos ausgebeutet!« Der alte Iwanow sagt wieder: »Ach, was waren das für schöne Zeiten!« Der Parteisekretär läßt sich nicht provozieren und redet weiter: »Vor der Großen Oktoberrevolution hat man die schöpferische Intelligenz an ihrer Entfaltung gehindert!« Der alte Iwanow: »Ach, was waren das für schöne Zeiten!« Nun reißt dem Parteisekretär der Geduldsfaden. »Genosse Iwanow«, bricht es aus ihm heraus, »warum finden Sie jene schrecklichen Vorrevolutionszeiten so schön?« - »Ganz einfach«, antwortet der Alte, »damals habe ich noch einen hochgekriegt.«

•

Ein Mann spricht eine Frau an: »Laß uns ficken gehen!« Die Frau haut ihm eins hinter die Ohren, und er verschwindet. Doch schon bald kommt er zurück und versucht es noch einmal: »Laß uns ficken gehen!« Er fängt sich eine zweite Ohrfeige, aber die Frau verspürt plötzlich eine Art Mitgefühl. »Sagen Sie«, fragt sie, »warum machen Sie das so? Können Sie den Frauen nicht kultivierter den Hof machen?« - »Ich mache das immer so«, antwortet der Mann. »Jeden Tag spreche ich mindestens fünfzehn Frauen an.« - »Du lieber Gott«, sagt die Frau, »dann müssen Sie aber viele Ohrfeigen bekommen!« - »Ja«, sagt der Mann. »Aber ich ficke auch viel.«

•

Ein Trabi überfährt eine Henne. Diese springt auf, schüttelt sich und fragt: »Wo ist der Hahn denn jetzt hin?«

●

Eine Henne flieht im Hühnerhof vor dem Hahn. Eine andere Henne ruft: »Warum läufst du weg? Es tut doch gut!« - »Ich weiß«, - antwortet die Henne beim Laufen, »aber ich drehe noch ein paar Runden, damit man nicht meint, ich sei eine Hure.«

●

»Warum hast du so große Augen?« fragte das Rotkäppchen den großen grauen Wolf.
»Damit ich dich besser sehen kann«, sagte der große graue Wolf.
»Warum hast du so große Ohren?« fragte das Rotkäppchen.
»Damit ich dich besser hören kann«, sagte der große graue Wolf.
»Warum hast du so einen riesengroßen Schwanz?« fragte das Rotkäppchen.
»Das ist nicht mein Schwanz«, sagte der große graue Wolf und wurde rot.

●

Die sowjetische Führung beschließt, dem sowjetischen Volk Striptease im Fernsehen vorzuführen, damit die Bürger sich nicht so sehr nach den Segnungen des Westens sehnen. Alles ist vorbereitet, als der Chefideologe Suslow auf einer Politbürositzung fragt: »Ist die Frau, die sich nun Millionen Sowjetmenschen nackt zeigen wird, auf der Höhe ihrer Aufgabe?« - »Unbedingt!« sagt Breschnew. »Sie ist eine absolut zuverlässige Genossin und Mitglied der Partei seit Februar 1916.«

●

Auf der Komsomol-Versammlung schickt Vassja einen kleinen Zettel an Mascha: »Nach der Versammlung gehen wir in den Pferdestall, um zu ficken.« Mascha schreibt zurück: »Habe deine feine Anspielung verstanden. Ich werde kommen.«

●

Als das Mädchen Julcsa aus der Stadt in ihr Geburtsdorf zurückkehrt und einen Minirock trägt, sagt der alte Bauer János: »Zu meiner Zeit, Julcsa, hat man die Höschen noch gewaschen, nicht gelüftet.«

●

Ein Georgier geht zum Arzt, zieht sich in der Ordination aus, legt seinen Schwanz auf den Tisch und sagt: »Schauen Sie mal, Herr Doktor!« Der Arzt untersucht den Penis und bemerkt: »Sie können sich wieder anziehen, mein Herr. Es ist alles in Ordnung.« - »Das weiß ich, Herr Doktor«, entgegnet der Georgier. »Aber schauen Sie doch mal, wie groß und schön er ist!«

●

Der Kolchosvorsitzende läßt die Melkerin Mascha zu sich kommen und sagt: »Heute kommt ein westlicher Journalist in unseren Kolchos und will mit dir ein Interview machen.« - »Was ist ein Interview?« fragt Mascha. »Das weiß ich auch nicht«, antwortet der Vorsitzende, »aber zieh für alle Fälle saubere Unterwäsche an.«

●

Warum redet István Dobi im ungarischen Fernsehen mit offenem Hosenstall?
Damit man sieht, daß auch von ihm etwas abhängt.

Witze über Witze

•

Graue Breschnewzeiten. Ein Sowjetbürger fragt den anderen: »Kannst du mir einen neuen politischen Witz erzählen?« - »Es gibt keinen«, antwortet dieser, »verdammte Regierung.«

•

Wer baut die neuen Gleise der Bahnlinie Moskau-Nowosibirsk? Jemand, der Witze wie diesen erzählt. Und wer baut die Gleise von Nowosibirsk nach Moskau? Jemand, der über solche Witze lacht.

•

Ein DDR-Bürger erzählt in einer Kneipe folgenden Witz: »Was ist der Unterschied zwischen dem Wasser und Walter Ulbricht? - Das Wasser ist flüssig, Walter Ulbricht überflüssig.« Mit am Tisch sitzt ein Spitzel, der den Erzähler denunziert, und so kommt der DDR-Bürger für fünf Jahre nach Bautzen. Nach seiner Entlassung geht er in dieselbe Kneipe und trifft den Denunzianten. Dieser beginnt heimtückischerweise einen neuen Witz zu erzählen: »Was ist der Unterschied zwischen Walter Ulbricht und einem Schwein?« Der einmal zum Opfer Gewordene ist jetzt auf der Hut und antwortet: »Ich weiß keinen Unterschied.«

•

Parteichef Kádár erfährt, daß die meisten politischen Witze in Ungarn von einem armen Teufel namens Kohn erfunden werden. Er lädt diesen ein, um sich von ihm persönlich Witze erzählen zu lassen. Kádár empfängt seinen Gast an einem reich gedeckten Tisch, und dem armen Kohn gehen vor Staunen die Augen über. Kádár bemerkt die Faszination und sagt väterlich: »Sehen Sie, so werden bald alle Werktätigen in unserem Lande leben.« - »Genosse Kádár«, entgegnet Kohn, »wenn ich richtig informiert bin, so bin ich derjenige, der hier Witze erzählen soll.«

Perestroika und Postkommunismus

•

Was ist noch schlimmer als der Kommunismus?
Das, was danach kommt.

•

Glasnost in Moskau. Die Zeitungen beginnen Texte zu drukken, deren Veröffentlichung früher unvorstellbar gewesen
wäre. Eines Morgens ruft der Bürger Iwanow seinen Kum-
pel Petrow an: »Hast du die Prawda von heute gelesen?« -
»Nein«, antwortet dieser, »warum, was gibt es?« Iwanow,
vorsichtig: »Psst, nicht am Telefon!«

•

Ende der achtziger Jahre. Fidel Castro läßt sich die Haare
schneiden. Der Friseur redet dabei die ganze Zeit, und in
jedem seiner Sätze erwähnt er mindestens einmal das Wort
»Perestroika.« Der Maximo Lider wird wütend: »Wieso
sagen Sie in jedem Satz 'Perestroika'?« - »Verzeihen Sie,
Genosse Castro«, sagt der Friseur, »das ist ganz einfach.
Jedesmal, wenn ich 'Perestroika' sage, stehen Ihnen die
Haare zu Berge, und ich kann sie dann viel leichter schneiden.«

•

Zur Zeit der von Gorbatschow eingeleiteten Antialkohol-
kampagne stellte man in Moskauer Kreisen die Frage, ob
der Parteichef noch sexuell aktiv sei. »Natürlich ist er das«,
lautete die Antwort, »sonst hätte er das auch noch verboten.«

•

Moskau, Frühjahr 1991. Gorbatschow spricht mit seinem
eigenen Porträt an der Wand eines Zimmers im Kreml:

»Ach, du Armer«, sagt er, »bald wirst du abgehängt«. Das Bild antwortet: »Und du, mein Freund, wirst aufgehängt.«

•

Mascha sammelt Pilze im Wald. Plötzlich erblickt sie einen uralten Mann und erschrickt. »Hab keine Angst, Mädchen«, sagt der Alte, »ich bin Serdjuk, der Partisan. Ich kämpfe gegen die Okkupanten.« - »Aber Onkelchen«, sagt Mascha, »der Krieg ist doch seit fünfzig Jahren vorbei!« - »Ach du lieber Gott!« sagt der alte Partisan erschrocken, »und ich sprenge immer noch die Züge!«

•

Aristide, Tassilo und sein Sohn, der kleine Agenor, gehen spazieren. Plötzlich bemerkt Tassilo, daß sein Sohn in der Nase bohrt. »Wenn du nicht sofort aufhörst«, droht der gestrenge Vater, »haue ich dir eins hinter die Ohren.« - »Aber Tassilo«, sagt der aufgeklärte Aristide, »soll sich der Junge doch austoben!«

•

Otto von Habsburg redet im Europaparlament und merkt plötzlich, daß kaum jemand im Saal sitzt. »Was ist los?« fragt er den Saalwärter. »Warum ist heute niemand da?« - »Wegen des Fußballspiels«, antwortet dieser, »Österreich-Ungarn.« - »Österreich-Ungarn?« fragt Otto zurück. »Gegen wen?«

•

Ein Georgier kauft von seinem lange ersparten Geld einen russischen Lada. Einen Tag später findet er seinen Wagen nicht mehr auf dem Parkplatz. Nach langem Sparen kauft er sich wieder einen Lada, der aber ebenso am nächsten Tag verschwindet. Nach seiner dritten Sparaktion passiert dasselbe. Daraufhin hängt er einen Zettel auf dem Parkplatz aus:

»Brüder, laßt mich nur ein einziges Mal Auto fahren!« Am nächsten Morgen findet er auf dem Parkplatz einen Mercedes mit einem Zettel an der Windschutzscheibe: »Autofahren ist in Ordnung, aber nicht die Heimat verraten!«

•

1991, nach dem Systemwechsel in Osteuropa. Bush, Mitterrand und Havel sprechen über ihre staatsmännischen Sorgen. »Stellt euch mal vor«, klagt Präsident Bush, »ich habe elf Ratgeber. Einer von ihnen ist ein KGB-Agent, und ich weiß nicht, welcher!« - »Ich habe auch elf Ratgeber«, sagt Präsident Mitterrand, »einer von ihnen hat Aids, und ich weiß nicht, welcher.« - »Auch ich habe elf Ratgeber«, sagt Präsident Havel, »einer von ihnen ist intelligent, und ich weiß nicht, welcher.«

•

Im Wald herrscht große Aufregung, verursacht von einem Gerücht: Der Bär führt eine Liste, auf der alle Tiere verzeichnet sind, die er zu fressen gedenkt. Der Fuchs möchte Klarheit in die Sache bringen und sucht den Bären auf. »Sag mal, Bär, stimmt es, daß du eine Liste hast?« - »Ja«, antwortet der Bär, »das stimmt.« - »Und kann es sein«, fragt der Fuchs weiter, »daß ich auch auf dieser Liste bin?« - »Allerdings«, antwortet der Bär. »Das ist aber furchtbar!« jammert der Fuchs. »Allerdings«, sagt der Bär und frißt ihn auf.
Am nächsten Tag macht der Dachs einen Besuch in der Bärenhöhle. »Sag mal, Bär, stimmt es, daß du eine Liste hast?« - »Ja«, antwortet der Bär, »das stimmt.« - »Und bin ich auch auf der Liste?« - »Allerdings«, antwortet der Bär. Der Dachs beginnt zu schluchzen: »Wie entsetzlich!« - »Allerdings«, sagt der Bär und frißt ihn auf.
Am nächsten Tag geht der Hase zum Bären. »Sag mal, Bär«, spricht er ihn an, »stimmt es, daß du eine Liste hast?« - »Ja«, antwortet der Bär. »Und auf dieser Liste sind alle Tiere

verzeichnet, die du fressen willst?« - »Ja«, antwortet der Bär.
- »Stehe ich auch auf der Liste?« - »Ja«, antwortet der Bär.
Da sagt der Hase: »Hättest du bitte die Freundlichkeit, mich
von der Liste zu streichen?« -»Aber selbstverständlich!«
antwortet beflissen der Bär.

●

Im Juli 1990 war ich zu einer Tagung im Schloß Ettersburg
bei Weimar eingeladen. Ich stieg in Weimar aus dem Zug
und entdeckte auf dem Bahnhofsplatz einen Kiosk mit dem
großen Aushängeschild »Information«. Als ich näherkam,
bemerkte ich ein kleines Pappschild mit der Aufschrift:
»Keine Auskunft«. Trotzdem saß hinter dem Fensterchen
eine alte Dame, und ich sprach sie an: »Sagen Sie mir bitte,
wie komme ich zum Schloß Ettersburg?« Die Dame antwortete, höflich lächelnd: »Ich bin nicht von hier.«

(authentisch)

●

Als der reale Sozialismus in Osteuropa und in der Sowjetunion zusammenbricht, fragt man den weisen Rabbi: »Wie
wird das alles noch enden, Rebbeleben?« Er antwortet: »Wie
das alles noch enden wird, weiß ich. Ich kann nur nicht genau
sagen, was vorher kommt.«

●

Was ist das Thema des nächsten Konzils der Russisch-orthodoxen Kirche?
Die Behandlung der Frage, ob man die Apokalypse in nur
einem Land verwirklichen kann.

Personen- und Abkürzungsregister

Adenauer, Konrad, 5.1.1876 - 19.4.1967, 1949 - 1963 Bundeskanzler der BRD, 1950 - 1966 CDU-Vorsitzender.

Andropow, Jurij Wladimirowitsch, 15.6.1914 - 9.2.1984, 1967 - 1982 Chef des sowjetischen Geheimdienstes KGB, 1982 bis zu seinem Tod Generalsekretär der KPdSU.

Aquincum, Ruinen einer eh. römischen Siedlung am Rand der ungarischen Hauptstadt.

ÁVH, Államvédelmi Hatóság (Behörde für Staatsschutz), politische Geheimpolizei des stalinistischen Ungarn, in den Tagen des Oktoberaufstands 1956 aufgelöst.

Breschnew, Leonid Iljitsch, 19.12.1906 - 10.11.1982, von 1964 bis zu seinem Tod Generalsekretär der KPdSU, seit 1977 auch Staatsoberhaupt.

Bulganin, Nikolaj Alexandrowitsch, 11.6.1895 - 24.2.1975, 1947 - 1949 und 1952 - 1955 sowj. Verteidigungsminister, 1955 - 1958 Ministerpräsident, 1958 abgelöst.

Bush, George Herbert Walker, 1981 - 1989 Vizepräsident der USA, 1989 - 1993 Präsident.

Carillo, Santiago, in den siebziger Jahren Vorsitzender der spanischen KP, trat für einen liberaleren Kommunismus ein, den sog. Eurokommunismus.

Castro, Fidel, geb. 13.8.1927, seit 1959 Ministerpräsident Kubas, seit 1962 auch Vorsitzender der kubanischen KP, seit 1976 auch Staatschef

Ceausescu, Nicolae, 26.1.1918 - 25.12.1989, 1965 - 1989 Generalsekretär der rumän. KP, seit 1967 Staatsratsvorsitzender, seit 1974 Staatspräsident, am 25.12.1989 von einem Militärgericht zum Tode verurteilt und erschossen.

Chruschtschow, Nikita Sergejewitsch, 17.4.1894 - 11.9.1971, 1953 - 1964 Erster Sekretär der KPdSU, seit 1958 zusätzlich Regierungschef der Sowjetunion, im Oktober 1964 abgesetzt.

Dobi, István, 1898 - 1968, urspr. in der linken Bauernpartei, bekleidete 1952 - 1967 das eher repräsentative Amt des Staatspräsidenten der Volksrepublik Ungarn.

Dubcek, Alexander, 27.11.1921 - 1.1993, 1968/69 I. Sekretär der tschechoslowakischen KP, 1970 aus der KP ausgeschlossen, 1989-1992 Parlamentspräsident der Tschechoslowakei.

Dzerzinski, Felix Edmundowitsch, 11.9.1877 - 20.7.1926, Gründer des sowjetischen Geheimdienstes.

Eurokommunismus, in den frühen 70er Jahren entstandene Strömung des Weltkommunismus, v.a. in der italienischen und spanischen KP. Der E. ging von einem pluralistischen Sozialismusmodell aus und kritisierte Verletzungen der Menschenrechte in den Ländern des »realen Sozialismus«.

Gagarin, Jurij Alexejewitsch, 9.3.1934 - 27.3.1968, war 1961 an Bord einer sowjetischen Wostok-Kapsel erster Mensch im Weltall.

Gaulle, Charles de, 22.11.1890 - 9.11.1970, Juni 1944 - Jan. 1946 und von Mai bis Okt. 1958 frz. Ministerpräsident, Dez. 1958 bis April 1969 frz. Staatspräsident.

Gerö, Ernö, 8.7.1898 - 12.3.1980, ungarischer KP-Funktionär, 1955/56 stellv. Ministerpräsident, Juli bis Oktober 1956 Generalsekretär der ung. KP, danach aus der Partei ausgeschlossen.

Gomulka, Wladyslaw, 6.2.1905 - 1.9.1982, 1943 - 1948 Generalsekretär der poln. KP, 1951 - 1954 in Haft, 1956 - 1970 Erster Sekretär der Poln. Verein. Arbeiterpartei,

Gorbatschow, Michail Sergejewitsch, geb. 2.3.1931, 1985 -1991 Generalsekretär der KPdSU, von 1988 - 1991 Vors. d. Obersten Sowjets der UdSSR, leitete mit seiner Perestroika die Veränderungen im Ostblock ein.

Gorkij, Maxim, korrekt Alexej Maximowitsch Peschkow, 28.3.1868 - 18.6.1936, russischer Schriftsteller.

Grotewohl, Otto, 11.3.1894 - 21.9.1964, 1949 - 1964 Regierungschef der DDR.

GUM, das größte staatliche Warenhaus in Moskau.

Habsburg, Otto von, geb. 1912, Abgeordneter im Europaparlament, Sohn des letzten österreichischen Kaisers.

Havel, Vaclav, geb. 5.10.1936, tschechischer Schriftsteller, 1979 - 1983 und 1989 in Haft, 1990 bis 1992 Präsident der CSFR, seit 1993 Präsident der Tschechischen Republik.

Hodscha, Enver, 16.10.1908 - 11.4.1985, 1943 - 1985 Generalsekretär der albanischen KP, 1944 - 1954 Ministerpräsident Albaniens, 1946 - 1954 zusätzlich Außenminister.

Honecker, Erich, geb. 25.8.1912, seit 1971 erster Sekretär bzw. Generalsekretär der SED, seit 1976 auch Staatsoberhaupt der DDR, am 16.10.1989 abgelöst, nach der Vereinigung der DDR mit der BRD vorübergehend in Haft, anschließend in Chile.

Iwan der Schreckliche, korrekt Iwan IV. Wassiljewitsch, 25.8.1530 - 18.3.1584, russischer Zar von 1547 - 1584.

Jaruzelski, Wojciech, geb. 6.7.1923, 1968 - 1983 poln. Verteidigungsminister, von 1981 bis 1989 Ministerpräsident und Erster Sekretär der Poln. Verein. Arbeiterpartei, von 1989 - Dez. 1990 polnischer Staatspräsident.

Kádár, János, 26.5.1912 - 6.7.1989, 1948 ung. Innenminister, 1950 aus der Partei ausgeschlossen, 1951 verhaftet, 1954 nach Rehabilitierung wieder Parteimitglied, seit Ende Oktober 1956 Generalsekretär der ung. KP, Befürworter des Einmarsches sowjet. Truppen zur Niederschlagung des Aufstandes, 1988 Rücktritt als Generalsekretär, 1989 Ausschluß aus dem ZK.

Kennedy, John Fitzgerald, 29.5.1917 - 22.11.1963, von 1961 - 1963 Präsident der USA.

KGB, Komitet Gosudarstvennoj Besopasnosti, Komitee der Staatssicherheit der Sowjetunion.

Kossygin, Alexej Nikolajewitsch, 21.12.1904 - 18.12.1980, 1946 - 1960 stellv. sowjet. Ministerpräsident, 1964 - 1980 Ministerpräsident.

Lukács, György (Georg), 13.4.1885 - 4.6.1971, ungarischer Philosoph und Literaturwissenschaftler, 1949 - 1956 Parlamentsabgeordneter, 1956 unter Imre Nagy Kultusminister, nach Niederschlagung des Ungarnaufstandes verhaftet und aus der Akademie ausgeschlossen.

Lumumba, Patrice, 2.7.1925 - 17.1.1961, Juni bis Sept. 1960 Ministerpräsident des Kongo, Dez. 1960 verhaftet, kurz darauf ermordet.

Lunatscharskij, Anatolij Wasiljewitsch, 23.11.1875 - 26.12.1933, 1917 - 1929 sowjetischer Volkskommissar für Bildung.

Mao Tse-Tung, 26.12.1893 - 9.9.1976, von 1949 bis zu seinem Tod Staatschef der VR China

Mikojan, Anastas, 25.11.1895 - 21.10.1978, 1926 - 1955 Volkskommissar bzw. Minister in unterschiedlichen Ressorts, 1964/65 Staatsoberhaupt der UdSSR.

Mitterrand, Francois, geb. 26.10.1916, 1954/55 frz. Innenminister, 1956/57 Justizminister, seit 1981 Staatspräsident.

Nikolaj II. Alexandrowitsch, 18.5.1868 - 16.7.1918, letzter russischer Zar von 1894 - 1917.

Nixon, Richard Milhous, geb. 9.1.1913, Präsident der USA von 1969 - 1974, mußte wegen der Watergate-Affäre zurücktreten.

Novotny, Antonín, 10.12.1904 - 28.1.1975, 1953 bis Jan. 1968 Erster Sekretär der tschechoslowakischen KP, 1957 bis März 1968 auch Staatspräsident der Tschechoslowakei.

Peter der Große, korrekt Peter I. Aleksejewitsch, 9.6.1672 - 8.2.1725, von 1682 - 1725 russischer Zar.

Pfeilkreuzler, (»Hungaristen«), rechtsextreme Massenpartei nationalsozialistischer Prägung in Ungarn, übte ab 15.10.1944 die Alleinmacht aus, war mitverantwortlich für die Ermordung von 560.000 ungarischen Juden.

Rajk, Laszlo, 8.3.1909 - 15.10.1949 (hingerichtet), 1946 - 1948 ungarischer Innenminister, anschließend Außenminister, Mai 1949 Verhaftung als angebl. imperialistischer Agent.

Rákosi, Mátyás, 9.3.1892 - 5.2.1971, ungarischer KP-Funktionär, 1952/53 Ministerpräsident, 1956 aller Ämter enthoben, 1962 aus der Partei ausgeschlossen.

Reagan, Ronald Wilson, geb. 6.2.1911, Präsident der USA von 1981 - 1989.

Rostropowitsch, Mstislaw Leopoldowitsch, geb. 27.3.1927, russischer Musiker, lebte 1974 - 1990 im Exil.

Sadat, Anwar al, 25.12.1918 - 6.10.1981, von 1970 bis zu seiner Ermordung Präsident Ägyptens, schloß 1979 einen Friedensvertrag mit Israel.

Samisdat, illegal betriebene Literatur in den Ländern des »real existierenden Sozialismus«, erlebte seine Blütezeit in den 70er/80er Jahren.

Schiwkow, Todor, geb. 7.9.1911, 1954 - 1989 Erster Sekretär der bulg. KP, 1962 -1971 Ministerpräsident Bulgariens, 1971 -1989 Staatspräsident. Nov. 1989 aus der Partei ausgeschlossen, 1990 verhaftet.

Solschenizyn, Alexander, geb. 1917, oppositioneller russischer Schriftsteller, wurde 1974 aus der Sowjetunion ausgebürgert

Stalin, Josef Wissarionowitsch, 21.12.1879 - 5.3.1953, sowjetischer Diktator

Suslow, Michail Andrejewitsch, 21.11.1902 - 25.1.1982, langjähriger Chefideologe der sowjetischen KP, war ab 1966 bis zu seinem Tod Mitglied des Politbüros.

Togliatti, Palmiro, 26.3.1893 - 21.8.1964, seit 1927 Generalsekretär der KP Italiens, Mitglied des Exekutivkomitees der Kommunistischen Internationale.

Truman, Harry Spencer, 8.5.1884 - 26.12.1972, von 1945 - 1952 Präsident der USA.

Tschernenko, Konstantin Ustinowitsch, 24.9.1911 - 10.3.1985, ab 1984 bis zu seinem Tod Generalsekretär der sowjetischen KP.

Tschuktschen, kleine Volksgruppe im ehem. sowjetischen Norden.

Ulbricht, Walter, 20.6.1893 - 1.8.1974, 1946 - 1971 Generalsekretär, 1971 - 1974 Vorsitzender der SED, ab 1960 Vorsitzender des Staatsrats der DDR.